Círculo Rojo

IL GIORNO IN CUI HO DETTO BASTA

IL GIORNO IN CUI HO DETTO BASTA

Erick Canale

Círculo Rojo
EDITORIAL

Primera edición: diciembre 2018

Depósito legal: AL 2776-2018

ISBN: 978-84-1304-883-3

Impresión y encuadernación: Editorial Círculo Rojo

© Del texto: Erick Canale
© Maquetación y diseño: Equipo de Editorial Círculo Rojo
© Fotografía de cubierta: 123rf - Michal Bednarek

Editorial Círculo Rojo

www.editorialcirculorojo.com

info@editorialcirculorojo.com

Impreso en España - Printed in Spain

Ai miei genitori Lella e Giampiero, per avermi fatto crescere così come sono oggi, per aver sempre accettato con amore i miei difetti e le mie virtù e per avermi appoggiato in maniera incondizionata in tutti i momenti della mia vita.

A tutte le mie amiche e amici sparsi per il mondo e tra loro Alberto, per essere quel fratello che non ho mai avuto, per essere un altro fantastico esempio di imprenditore instancabile e un padre esemplare. Alla mia sorella barcellonese Georgina, per essere il sole che è e per essere sempre stata la facilitatrice di tutto il buono che professionalmente è arrivato nella mia vita, a partire da quel giorno in cui ho detto "basta".

Per ultimo, ma non per importanza, un ringraziamento speciale a Mercè Martì per avermi accompagnato durante la redazione della versione spagnola e alla mia cara amica Anna Moraglio per aver corretto con tanto affetto e impegno la versione italiana che stai per iniziare a leggere.

INDICE

IL GIORNO IN CUI HO DETTO BASTA

PROLOGO

Ognuno di noi, nel suo intimo, ha il desiderio di realizzare un giorno i propri sogni. Non tutti, però, ci riescono. Sarebbe corretto tenere a mente questa frase e, di conseguenza, riflettere su come siano riusciti a realizzare i sogni coloro che li hanno conseguiti.

Erick Canale, l'emblema di chi è riuscito nell'impresa, ha scritto questo libro sull'imprenditoria, una sorta di guida su come agire per far sì che le proprie aspirazioni diventino realtà. Erick è stato uno di quei coraggiosi che un giorno ha scelto di giocare d'azzardo, decidendo di poter realizzare il sogno di lavorare in proprio, solo per se stesso.

L'autore è la prova tangibile che vincere questa sfida è possibile e incarna i requisiti del perfetto imprenditore: ha grinta, dedizione al lavoro, senso di responsabilità, tenacia. È un uomo anticonformista, con una grande conoscenza pratica degli argomenti che tratta. Allo stesso tempo, Erick è dotato di grande umiltà. Nel complesso, è un leader con la volontà di reinventarsi costantemente.

"Il giorno in cui ho detto basta" è un ritratto non solo dello scrittore, ma anche di un uomo che si può definire l'imprenditore perfetto. Un uomo con un sogno che crede realizzabile, che rende la sua aspirazione priorità assoluta e che, senza batter ciglio, smuove il mondo affinché ciò che immagina diventi realtà.

Il libro è arricchito da esperienze reali, consigli, vere e proprie confessioni valide per la crescita professionale e personale, che si riflettono in una scrittura che è specchio dell'essenza di Erick. Una scrittura cruda, sincera, che riesce a mixare perfettamente il professionista e l'uomo.

In particolare, uno dei passi del libro che più mi ha colpito è stato quello in cui Canale racconta il momento in cui il suo contratto si è trasformato da tempo determinato a indeterminato, durante la sua tappa in Italia, a Bra: "Ingegner Canale, quando abbiamo deciso di assumerla, non l'abbiamo fatto per le conoscenze tecniche che lei possiede. Deve sapere che tra i profili che abbiamo vagliato c'erano professionisti con un *curriculum* universitario più corposo del suo, glielo assicuro. Al momento di prendere una decisione definitiva, abbiamo però scelto di assumere qualcuno che avesse l'umiltà di cominciare da zero e la forza necessaria, giunto il momento, per ribellarsi per dire "no". Questo era quello che speravamo. Sapevamo dal principio che lasciarle svolgere durante questi mesi attività probabilmente poco gratificanti per lei, prima o poi, sarebbe stato motivo di frustrazione. Aspettavamo solo di vedere se lei fosse capace di fare il primo passo. Oggi, con il suo atteggiamento, non solo ha conquistato il passaggio del suo contratto da determinato a indeterminato. Ha guadagnato anche la possibilità di avere un ruolo nuovo all'interno dell'impresa, una nuova sfida professionale".

Questo racconto, circostanziato e sincero, non solo ci dimostra come coraggio e iniziativa siano grandi alleati, se vogliamo avanzare professionalmente, ma ci insegna anche come opportunità e rispetto siano due fattori altrettanto validi quando gli scatti professionali dipendono da terzi.

Mi sembra sorprendente e di grande valore che sia un cittadino italiano a scrivere un libro per imprenditori basato su un'esperienza vissuta principalmente in Spagna. Erick, spesso, nelle nostre conversazioni mi sottolineava che, suo malgrado, voleva richiamare l'attenzione della Spagna, nazione che mai ha avuto un percorso rilevante nel settore dell'imprenditoria. Sembra che non sia qualcosa che noi Spagnoli abbiamo nel sangue.

L'autore punta però anche a mettere in luce le ispirazioni che tutti abbiamo, il desiderio di intraprendenza, intendendo questo come forma di raggiungimento della felicità, e cerca di incitare tutti ad agire quanto prima.

Erick pubblica il suo libro in un momento delicato per la Spagna e per l'Europa. Sembra che il periodo storico che il nostro Paese sta attraversando non spinga a essere ottimisti. Per fortuna, questo libro è un inno alla speranza, all'entusiasmo, all'iniziativa. È anche un monito alla disciplina dello sforzo e del sacrificio.

Questo racconto è un atto di generosità da parte di Erick, che, volontariamente, ha sacrificato il suo tempo per scrivere queste pagine e condividere la sua esperienza, la sua analisi della realtà, contribuendo alla costruzione di un mondo più giusto, con più valori.

Grazie, amico, per avermi insegnato con il tuo libro a raggiungere i miei sogni, per avermi aiutato a essere felice o, almeno, a esserlo un po' di più.

Rosa Soto | Chief Marcom Officer HISPANOPOST MEDIA GROUP | Miami - USA

ALBERTO, UN AMICO CHE DISSE BASTA

Dal 2014 gestisco con Marta un piccolo albergo, il Petit Hotel a Lido di Camaiore.

Non eravamo albergatori, abbiamo studiato e fatto percorsi professionali molto differenti: io l'architetto e lei la giornalista pubblicista. Nessuno dei due sapeva fare neanche un cappuccino e non immaginavamo tutto il resto, entrambi volevamo dare una svolta alle nostre vite, essere artefici del nostro futuro ed eravamo disposti ad intraprendere il cammino insieme.

Professionalmente so che sono arrivato ad oggi dopo aver lottato tanto, spesso proprio con l'immagine di me stesso e la frustrazione di non raggiungere determinate aspettative che nel tempo avevo costruito e che continuavo a proiettare davanti a me. Adesso so che tutte le esperienze che ho fatto mi sono state utili, se non imprescindibili e sono grato alle persone con cui ho lavorato per anni e al coraggio che mi hanno infuso e dimostrato.

Quello che mi emoziona di quello che facciamo, e che tu Erick ci racconti e insegni, è lo slancio che mettiamo nell'incontro con le persone che ospitiamo e di cui facciamo conoscenza e quanto si possa dare e raccogliere da queste occasioni: forse è proprio questa l'essenza profonda dell'essere ospitali.

Anche nella gestione di un piccolo albergo ho trovato tante sfide molto stimolanti da affrontare e i tuoi consigli sono sempre molto preziosi: continuiamo a coltivare insieme la gioia, l'onestà intellettuale, la determinazione e il coraggio.

Alberto
Petit Hotel - Lido di Camaiore

INTRODUZIONE

Se mi chiedessero qual è lo scopo principale di un essere umano in questo luogo chiamato mondo, senza dubbio alcuno, risponderei che consiste nell'incontrare la felicità, quanto prima possibile...

È partendo da questa convinzione che oggi scrivo questo libro.

C'è stato un momento nella mia vita nel quale ho detto "basta".

Ho detto "basta" a uno stile di vita che non sentivo mio. Non ero felice... parlo di uno "stile di vita" che non mi permetteva di fermarmi neanche un minuto, che non mi lasciava il tempo di riflettere e capire se quello che stavo facendo fosse realmente quello che volevo fare e se quello che facevo fosse in linea con i miei obiettivi di vita e i miei valori.

Quel che è certo è che, a partire dal giorno in cui ho detto "basta", non mi sono mai pentito di averlo fatto. Quello stesso giorno, alcuni amici mi regalarono un quadro con una frase di Confucio:

Scegli un lavoro che ti piace
e non dovrai lavorare neanche un giorno nella tua vita.

Ovviamente, niente avrebbe potuto rappresentare meglio quello che stavo cercando perché, dal momento in cui ho iniziato la mia nuova carriera professionale, non ho mai più avuto la sensazione di lavorare.

Lavoro, sì, ma sentendomi bene con me stesso: mi dedico a quello che mi piace e lo faccio coerentemente con i miei valori.

Con questo libro, cerco di raccontare la mia esperienza, la storia comune di un uomo qualsiasi che all'età di trentasei anni ha detto "basta" a un lavoro sicuro e stabile, in una prestigiosa multinazionale. Un italiano che vive a Barcellona, ingegnere e amante dei viaggi, dell'energia che proviene dalle persone buone, che ha deciso, un giorno dell'anno 2011, di cambiare strada...

Torno con la mente a quelle che sono state le fasi della mia vita fino al momento in cui ho detto quel "basta" decisivo e ai passi che ho mosso a partire da quel momento in poi. Ci sono stati un "prima" e un "dopo".

Lo faccio per una necessità personale. Devo fare un bilancio e riosservare quello che ho vissuto. Lo faccio anche stimolato dal contatto con i miei clienti, persone che hanno bisogno di dire "basta" e che hanno messo o stanno mettendo "in marcia" i loro personali progetti.

Siamo in tanti ad attraversare tappe professionali difficili, che influenzano la nostra vita personale.

Siamo in tanti ad avere bisogno di reagire e reinventarci, di intraprendere nuove strade, di vivere esperienze diverse e prendere decisioni.

Siamo in tanti ad avere un progetto che sappiamo e sentiamo essere collegato a quella felicità che tanto desideriamo... solo che, a volte, trattenuti dai giorni che passano, non è raro sentirsi confusi e non sapere da che parte cominciare.

Come imprenditore, voglio parlare di alcuni aspetti che a volte passano in secondo piano, quando siamo impegnati a definire e conseguire i nostri obiettivi professionali.

Sono aspetti basilari, almeno secondo la mia opinione ed esperienza, per avere successo nel progetto che si avvia, e sono direttamente relazionati con il rigore nel lavoro e con quanto di umano e personale investiamo in esso, utilizzando rispettosamente tutto il meglio che c'è in noi.

Quando ho iniziato il mio nuovo cammino, mi hanno guidato l'intuizione e una sufficiente dose di buon senso. Oggi, mi sono reso conto che i principi che ho applicato da quel momento sono gli stessi che mi stanno permettendo di porre le basi per realizzare il mio "progetto di vita" e andare avanti. Per questo motivo, voglio condividere con te quello che ho appreso e che continuo ad apprendere, affinché possa essere per te almeno uno spunto di riflessione.

Le basi per il mio "progetto di vita" sono l'indipendenza economica e la flessibilità con la quale posso disporre del mio tempo, facendo quello che mi piace e facendolo circondato da gente cui voglio bene: è esattamente quello che desideravo quando ho detto "basta" alla mia vita precedente. Su queste basi chiare e ragionevolmente consolidate sto preparando il futuro... ma questa è un'altra storia.

Sono arrivato alla conclusione che i principi che sostengono la mia indipendenza economica e la flessibilità con la quale dispongo del mio tempo sono in totale 20: 10 regole operative + 10 regole d'oro.
Proprio di queste voglio parlarti.

Voglio osservare con te anche come queste regole siano presenti, in un modo o nell'altro, nelle tre fasi che un imprenditore vive dal momento in cui dice a se stesso "basta" davanti a una situazione professionale (e personale) che non lo soddisfa e quando inizia il suo cammino per dare avvio alla sua nuova vita. Ho chiamato queste tre fasi: Fase Sherlock Holmes, Fase Cristoforo Colombo e Fase Neil Armstrong.

Credo fermamente nel fatto che tutti abbiamo diritto alla Luna, la nostra Luna, e che tutti abbiamo l'opportunità di raggiungerla.
Io lavoro tutti i giorni per raggiungere la mia. Spero e desidero che questo libro contribuisca a farti trovare il coraggio di desiderare la tua Luna e a metterti in viaggio per raggiungerla...

Grazie di cuore per aver condiviso il mio sogno.

Sono qui per qualsiasi cosa della quale tu abbia bisogno.

PARTE 1
QUALCOSA DELLA BIOGRAFIA DI UN IMPRENDITORE

Non sono una persona speciale né esiste niente di eccezionale in me, quindi ho una certa remora a parlare di me stesso. Quel che è certo, però, è che voglio "ricollegarmi" con i passi che ho mosso fino a un momento preciso della mia vita e con quelli che ho scelto di avviare a partire da quel momento in poi: voglio ricordarmi da dove vengo. Questo è uno dei motivi per i quali nasce questo libro, quello più personale.

Raccontarmi è però anche un modo per farmi conoscere: voglio farti sapere chi sono. Il modo migliore che mi viene in mente per riuscirci è cominciare a condividere con te i 20 principi che mi hanno guidato: voglio che siano a tua disposizione, cosicché, in qualche modo, tu sappia come sono arrivato a identificarli e definirli.

Bene. Iniziamo: "C'era una volta...".

UN IMPRENDITORE DI 10 ANNI

Sono nato nell'agosto del 1975, a Cuneo, capoluogo della provincia che porta lo stesso nome, in Piemonte.

La mia città si trova su un altopiano che, come un cuneo, emerge fra il fiume Stura e il torrente Gesso. È un luogo di passaggio fra le Alpi Marittime e le valli che si fanno strada verso la Francia, una terra di commercianti e agricoltori, che ormai da quarant'anni attende che venga conclusa un'autostrada che possa collegarla con il mondo.

Sono stato un bambino loquace al quale piaceva guardare la televisione e uno studente "normale", non straordinario ma volenteroso, al quale piacevano le sfide: se qualcosa veniva definita come difficile, destava in me un immediato interesse e mi spingeva a voler verificare per conto mio se davvero fosse tanto complicata.

Non ho mai saputo spiegarmi se questa precoce vocazione sia stata un modo per proteggere me stesso da un possibile fallimento, un alibi per avere una scusa, per giustificare un mancato successo; in fondo, è più complicato giustificare un fallimento se arriva mentre si sta facendo qualcosa di facile, o almeno così a me pareva.

In ogni caso, ho sempre avuto la convinzione che noi esseri umani diamo il meglio di noi stessi nei momenti difficili, perché è proprio in quegli istanti che spingiamo sino al limite le nostre capacità e ricorriamo al potenziale del nostro istinto di sopravvivenza: è quest'ultimo che ci permette di raggiungere delle mete che, se non fossimo incappati in una sfida, mai avremmo pensato di essere capaci di toccare.

Insomma, in questo breve viaggio nelle mie origini, mi vedo a dieci anni mentre sto contrattando con mia madre una fornitura di limoni con i quali preparare della limonata da vendere poi a familiari e amici... il mio obiettivo era investire i guadagni nell'acquisto di corde con le quali fabbricare bracciali che, subito, avrei messo nuovamente in vendita. Commerciante come i miei concittadini, ideavo "prodotti" da offrire al mio pubblico ideale e li promuovevo con convinzione irriducibile. Rileggendo quell'episodio, a distanza di anni, ho il sospetto di aver avuto già allora nel sangue il desiderio e la "vocazione" di essere un imprenditore!

Ho menzionato mia madre. È giusto dire che lei si è sempre preoccupata del mio benessere, della mia tranquillità, affinché avessi una vita felice. Probabilmente, è a lei che devo il fatto che la felicità sia un valore così importante per me.

A mio padre devo il senso del dovere e l'esigenza di comportarmi "correttamente, qualunque cosa tu faccia, senza dover niente a nessuno".

Nel 1994, dopo che a qualcuno venne in mente di dire che "Ingegneria è un corso di laurea difficile", mi trasferii a Torino per studiare Ingegneria in Organizzazione di Impresa, al Politecnico Universitario.

Per la prima volta, mi lasciai alle spalle la mia città natale, con una premonizione su quella che sarebbe stata la mia vita negli anni a venire. Certo, quando si nasce in un piccolo centro urbano (non così piccolo, in verità: Cuneo conta 55.000 mila abitanti!), privo di Università, spesso ci si prepara a vivere l'esperienza di trasferirsi come studente in un'altra città, condividendo un appartamento con altre persone.

Altrettanto spesso capita che, in un secondo momento, prima o poi, si torni alla terra di origine. Il tempo trascorso a Torino mi convinse che difficilmente sarei tornato a vivere a Cuneo, perché, semplicemente, non avrei più trovato il mio posto lì.

L'isolamento della mia città mi ha segnato sin da bambino. L'aspettativa di avere un'autostrada che la avvicini a Torino o a Milano, che ancora oggi rimane parzialmente frustrata, rimane una rivendicazione di molti miei concittadini. Curiosamente, sentirmi così lontano da ogni parte mi spinse, essendo ormai un ragazzo, a trovare *Internet* così affascinante: la rete fu per me l'autostrada che Cuneo non aveva. Finalmente avevo il mondo a portata di mano.

Nell'anno 2000, mentre preparavo la mia tesi di Laurea, seguii uno "stage" di sei mesi in una multinazionale nel settore della logistica. Fuori dalle aule universitarie, incorporai nel mio DNA l'importanza di contribuire al funzionamento della "catena di produzione", a far sì che nulla interrompesse la fornitura dei materiali necessari affinché il prodotto raggiungesse il suo destinatario. Lo sperimentai con un *provider* logistico, ma questa metafora mi colpì in modo profondo: anche gli esseri umani formano una catena di produzione, quando interagiscono tra loro e con le organizzazioni. La nostra capacità di produrre, di creare... si ottimizza. In un certo qual modo, io mi trovavo in questa fase della mia vita, nel posto giusto: un luogo dove apprendere e comprendere.

Presentai la mia tesi *Metodologia per il controllo di qualità di un servizio logistico* e, nel dicembre di quello stesso anno, mi laureai. A quel punto, si trattava di cominciare la mia vita da adulto e di "mettermi in marcia".

UN AIUTANTE DI MAGAZZINO

Nonostante la possibilità di approfittare di alcuni contatti personali e familiari che mi avrebbero aperto le porte dell'industria regionale, preferii cercare il mio primo lavoro con le mie sole forze. Non volevo scegliere il cammino più facile e allo stesso tempo desideravo mettermi alla prova: se volevo essere adulto, dovevo esserlo sin dal primo momento.

Nel marzo del 2001, all'età di venticinque anni, sostenni il mio primo colloquio di lavoro. Era in gioco un posto presso una multinazionale alimentare, originaria della mia provincia, con un prestigio tale da poter garantire stabilità e sicurezza ai suoi dipendenti.

Quella mattina mi svegliai molto emozionato: la vita mi stava mettendo davanti la prima opportunità di raggiungere quell'indipendenza economica che desideravo da molto tempo. Inoltre, mi stava regalando la prospettiva di avere un lavoro fisso, con la possibilità di un futuro stabile e sicuro.

Il processo di selezione durò due mesi. Dopo aver affrontato sette colloqui, alla fine firmai il mio primo contratto, un contratto a tempo determinato come aiutante in un piccolo magazzino. Sì, è vero, sono rimasto sorpreso dal fatto che un'azienda così rinomata stesse cercando un ingegnere per ricoprire un ruolo che, apparentemente, non sembrava richiedere una persona con una qualifica universitaria. Sapevo, tuttavia, che, professionalmente parlando, avrei dovuto pur iniziare da qualche parte. Del resto, come ti ho già detto, non sono stato uno studente particolarmente brillante e quindi anche il mio *curriculum* universitario non lo era: non potevo permettermi di essere estremamente selettivo nella ricerca del mio primo impiego.

Inoltre, nonostante sia nato in un Paese nel quale si dà molta importanza a titoli come Dottore, Ingegnere o Avvocato, io ho sempre pensato diversamente. Ammetto di essere contento di essere riuscito a finire gli studi universitari in un tempo abbastanza breve, ma allo stesso tempo sono cosciente del fatto che, se ho potuto farlo, è stato grazie a una famiglia che mi ha fornito le risorse necessarie per riuscirci. So perfettamente che nel mondo ci sono molte persone che avrebbero potuto terminare i miei studi universitari in un modo molto più brillante rispetto al mio e che non hanno neanche potuto provarci, perché non dispongono delle risorse che io invece ho potuto avere.

Studiare all'Università, senza dubbio, apre delle porte e permette potenzialmente di accedere a percorsi professionali più ambiziosi, nonostante la realtà ci dimostri che, in molti casi, un universitario con un'ottima preparazione può anche essere obbligato ad adattarsi a una vita professionale stabilita dall'impresa per la quale lavora e non da se stesso.

Quello che voglio dire è che alla fine siamo noi, universitari o no, che dobbiamo saper utilizzare gli strumenti che abbiamo a nostra disposizione per poter continuare a procedere verso la nostra vera strada.

Dicevo, qualche riga più su, che fui assunto come aiutante di magazzino. Il magazzino si trovava in Bra, una piccola città, famosa, tra le altre cose, per la produzione di formaggio. Mi trasferii a Cherasco: da un piccolo centro, mi ritrovai in un'altra piccola città, con un bellissimo centro storico, paese agricolo, gradualmente industrializzato; andai a vivere in un appartamento nel quale per la prima volta sperimentai una vita da solo.

Dopo due mesi, fisicamente e mentalmente molto duri, occupato a scaricare camion, ordinare le forniture del magazzino e preparare ordini, mi convinsi che avevo bisogno di un cambiamento radicale nel mio lavoro: quel cammino che avevo iniziato a percorrere con tanta speranza non mi rendeva felice.

Una mattina, mi armai di coraggio. Con la migliore predisposizione d'animo, chiesi formalmente al mio superiore un colloquio con il Direttore della divisione dalla quale dipendevo.

Alcuni giorni dopo, in un modo del tutto inaspettato per me, arrivò il colloquio richiesto.

Era stato un giorno particolarmente complicato: uno sciopero sindacale aveva quasi paralizzato tutta l'attività del magazzino e il lavoro si era accumulato in un modo preoccupante. Mi trovavo chiuso in quel posto dalle sette del mattino e l'unica cosa che volevo era che si facesse sera per poter tornare a casa e riposare. Bene, proprio quel giorno, il Direttore di divisione si presentò negli uffici del magazzino: aveva deciso di ascoltarmi e aveva deciso di farlo, secondo me, nel peggior momento possibile.

Particolarmente stanco, dopo quella giornata febbrile, a disagio con la mia situazione professionale, ero abbastanza convinto che quello non fosse il lavoro dei miei sogni. Allo stesso tempo, avevo molto chiaro il fatto che, quando avessi parlato con il Direttore, avrei dovuto evitare di sembrargli troppo presuntuoso, incapace di dare il giusto valore all'opportunità che l'impresa mi stava offrendo, anche perché mi trovavo ancora in un periodo di prova.

Sinceramente, non sapevo in quali termini parlare della mia posizione. Quello che sapevo perfettamente, invece, era che nei pochi minuti di conversazione che avremmo avuto avrei dovuto giocare le mie carte migliori e in modo intelligente.

Contai letteralmente fino a dieci e salii con determinazione le due rampe di scale che separavano il magazzino dagli uffici.

Erano già le otto di sera quando il Direttore di divisione e io ci incontrammo nell'ufficio del mio capo, che, naturalmente, proprio quella sera aveva deciso di andare a casa prima. Non ho mai saputo se lo fece per non assistere al mio suicidio professionale o se scelse semplicemente di non aggiungere altra tensione a quella che già si respirava nell'ambiente.

Il Direttore mi lasciò parlare per un bel po', guardandomi fisso negli occhi e senza pronunciare neanche una parola, come sa farlo, in questi casi, solo un ex responsabile delle Risorse Umane, quale lui era.

Quando finii di esporre le mie ragioni, dopo aver cambiato posizione sulla sua poltrona in un tempo che mi sembrò lunghissimo, infine parlò. Lo fece molto lentamente. Mi disse:

"Ingegner Canale, quando abbiamo deciso di assumerla, non lo abbiamo fatto per le conoscenze tecniche che lei avrebbe potuto avere.

Sappia che nel processo di selezione erano presenti profili con un *curriculum* universitario molto più valido del suo, glielo assicuro. In quel momento, però, quello che volevamo era assumere qualcuno che avesse l'umiltà di cominciare da zero e la forza necessaria, una volta arrivato il momento, di fermarsi e dire "no". Lei ha dimostrato l'umiltà sufficiente per accettare un contratto come aiutante di magazzino, nonostante la sua qualifica. Restava solo da dimostrare se avrebbe avuto la forza di dire "no"... era quello che speravamo.

Sapevamo sin dal principio che, prima o poi, le avrebbe creato frustrazione la nostra scelta di lasciarla, durante questi due mesi, a occuparsi di attività probabilmente poco gratificanti per lei. Stavamo solo aspettando di vedere se lei sarebbe stato capace di fare il primo passo.

Oggi, con quello che mi sta dicendo, non solo si è guadagnato il passaggio di contratto da tempo determinato a indeterminato. Si è conquistato anche la possibilità di guadagnarsi un ruolo nuovo nell'impresa e di affrontare nuove sfide professionali".

Fece una pausa e un sorriso si dipinse sulle sue labbra. Con voce ferma (a me sembrò terribilmente ferma) aggiunse: "È stato come quando un bambino mette un gattino in una vasca piena d'acqua e aspetta di vedere la reazione del povero animale".

Ricorderò queste parole per tutta la mia vita.

Il Direttore mi rivelava che l'azienda era stata come il bambino del racconto e che io, senza sapere che questo fosse il mio ruolo, ero stato il gattino. Durante le mie prime settimane nel magazzino di Bra, la mia unica preoccupazione era stata quella di svolgere bene il mio lavoro, mentre all'azienda non importava molto che io lo facessi bene o male, ma solo di verificare se sarei stato capace di arrivare al punto di dire "basta".

Quella notte, tornai a casa più frustrato che mai. Sentivo di essere stato preso in giro; avevo il sospetto che i miei superiori avessero sperimentato uno schema a mie spese, la sensazione che avessero offeso la mia dignità. Mi misi a letto e mi venne la febbre.

La realtà (che in quel momento non seppi vedere) era che avevo appena ricevuto un grande insegnamento da parte dell'azienda: non possiamo lamentarci quando siamo noi i primi a non fare nulla affinché le cose cambino direzione.

È molto comune incontrare nelle aziende impiegati che si lamentano per tutto il tempo e per qualsiasi dettaglio: perché non hanno uno stipendio all'altezza delle loro aspettative, per una presunta cattiva organizzazione del lavoro, perché non sopportano più un capo maleducato, perché sono costretti a prendere decisioni aziendali che non sono condivise.

Con il tempo, quando ho compreso l'insegnamento che mi aveva trasmesso il Direttore di divisione durante i miei giorni nel magazzino di Bra, sono giunto alla conclusione che in queste situazioni (e in qualsiasi altra situazione simile) abbiamo davanti solo tre possibilità:

1. Sopportare senza che la cosa ci tocchi.

2. Lasciare l'azienda, cercando un nuovo lavoro con il quale poterci sentire meglio.

3. Lamentarci continuamente, senza intraprendere nessuna azione affinché la situazione (la nostra e quella dell'azienda) cambi.

Se ti identifichi nell'ultima opzione, allora ti invito a riflettere seriamente, perché vivere in uno stato di lamentela continua ha un impatto fisico ed emotivo che, prima o poi, tornerà a chiederti il conto.

Se non sei soddisfatto di quello che fai o dell'ambiente di lavoro nel quale ti trovi, inizia a darti una mossa affinché qualcosa cambi.

No, non ti sto dicendo di licenziarti domani dalla tua azienda.

Probabilmente, hai delle responsabilità personali, oltre a quelle professionali, che te lo impediscono.

Ti propongo solo di analizzare quello che ti sta succedendo e di farlo con un'attitudine costruttiva, identificando tutto quello che è nelle tue possibilità per cambiare questa realtà così sgradita. Inoltre, una volta che avrai messo da parte il "mantra" della lamentela permanente, vedrai come le cose, magicamente, cominceranno a cambiare...

FINALMENTE: IL LAVORO DEI MIEI SOGNI

Nel giro di un mese, fui nominato responsabile della pianificazione della piattaforma logistica dell'azienda, con sede a Milano. Cambiai di nuovo casa, città e, questa volta, anche provincia e regione.

Il Piemonte, mio luogo di origine, restò indietro. Adesso sarei andato a lavorare e vivere in Lombardia. Lavoravo a Liscate e vivevo a Treviglio, nella provincia di Bergamo.

Per quattro anni, lavorai insieme a un *team* di persone eccellenti e con un capo meraviglioso. Furono quattro anni intensi e molto arricchenti... finché il lavoro non diventò qualcosa di automatico.

Senza stimoli nuovi, quel bambino di Cuneo che cercava sempre "la cosa più difficile" mi fece comprendere che era arrivato il momento di cambiare: il gattino nella vasca piena d'acqua aveva bisogno di nuovi obiettivi.

Già durante gli anni trascorsi all'Università sognavo di vivere un'esperienza all'estero: sarebbe stata l'opportunità per conoscere una realtà differente. Per la seconda volta nella mia vita, presi l'iniziativa di rivolgermi all'azienda e scelsi di chiedere l'opportunità di essere trasferito in una filiale fuori dall'Italia.

L'azienda mi domandò di proporre alcune destinazioni, indicando i luoghi nei quali mi sarebbe piaciuto lavorare.

La prima scelta ricadde sulla Spagna, per l'amore che da sempre ho avuto per questa terra. La seconda opzione fu la Svezia, perché i Paesi nordici hanno sempre catturato la mia attenzione e risvegliato la voglia di passarci un po' di tempo. La terza scelta cadde sull'Australia: in quel momento, non mi venne in mente nessuna destinazione più lontana e più affascinante nel mondo, se non fossero andate bene all'azienda le prime due opzioni.

Il caso volle (se crediamo nel caso...) che il mio Direttore all'epoca fosse in procinto di andare in pensione. Se così non fosse stato, il suo destino sarebbe stato quello di lavorare presso la filiale iberica dell'azienda che si trovava a Barcellona. Quello invece finì con l'essere... il mio destino.

Conoscevo la città. Ci ero stato diverse volte in vacanza e sempre, tornando in Italia, pensavo che un giorno ci avrei vissuto. Mediterranea, bella e aperta al mondo... sentivo che Barcellona avrebbe potuto essere la mia casa.

Il giorno in cui lasciai Milano, lo feci con molta tristezza, ma era più forte l'entusiasmo per tutto quello che mi aspettava in questa nuova tappa che mi attendeva.

Il 30 novembre dell'anno 2004, all'età di ventinove anni, me ne andai dall'Italia, diretto a Barcellona.

Ricorderò per sempre quel viaggio.

I miei amici mi avevano regalato otto CD perché li ascoltassi in un determinato ordine durante il tragitto che mi aspettava: volevano che una musica, una determinata musica, mi accompagnasse durante i chilometri che avevo davanti. Alberto, uno di quegli amici di tutta una vita che si potrebbero tranquillamente definire come fratelli, mi sostenne con la sua energia verso il mio nuovo destino. Lui era più convinto di me che quello fosse esattamente il passo che dovevo fare.

La forza che Alberto mi seppe trasmettere durante il mio viaggio a Barcellona mi fece ricordare che era stato proprio lui, alcuni anni prima, con la sua esperienza in Finlandia come studente del progetto *Erasmus*, a far nascere in me la voglia di dedicare un certo tempo della mia vita a vivere lontano dalle Alpi. In quell'occasione, passai quattro settimane con lui e fu una rivelazione che rafforzò ancor di più il desiderio di vivere in prima persona un'esperienza concreta, professionale e di vita, all'estero.

Imboccai l'autostrada: mentre guidavo, ebbi l'intensa sensazione di essere molto vicino a ciò che per me era la felicità.

Passai quasi un giorno intero percorrendo i mille chilometri che separano Milano da Barcellona. Erano le sette di sera quando arrivai alla mia destinazione. Alle mie spalle lasciavo un viaggio semplicemente straordinario, pieno di ricordi e nostalgia, di sogni e speranza, una miscela esplosiva che era riuscita a darmi una botta di adrenalina.

Ero pronto e molto desideroso di affrontare la mia nuova vita.

A BARCELLONA

I giorni a Barcellona passarono molto velocemente.

Lavoravo tanto. Il mio ruolo era quello di *middle manager* nell'area pianificazione e mi adattai con buona volontà a un modo di lavorare differente rispetto a quello italiano. In fin dei conti, volevo conoscere, comprendere e apprendere una realtà nuova e diversa.

Se dovesse capitare anche a te di fare un'esperienza personale o professionale all'estero, ti suggerisco di viverla, sin dal primo momento, con il minor numero di pregiudizi possibile, senza fare paragoni fra il tuo Paese di origine e la tua nuova destinazione. Il fatto eccezionale di questo tipo di situazioni è la possibilità di confrontarsi con una realtà differente rispetto a quella dalla quale si proviene: aggiunge esperienze che non assomigliano per nulla a quelle che abbiamo sempre vissuto. Una mente aperta ti aiuterà a intravedere nuovi orizzonti e soprattutto ti fornirà l'occasione di crescere professionalmente e personalmente.

Per quattro anni ho dedicato corpo e anima all'azienda che mi ha dato stabilità, sicurezza e una buona retribuzione.

Vivevo bene. Anzi, si potrebbe dire: molto bene... ma anche con molto *stress*.

Tanta era la pressione che, non appena incassavo lo stipendio, mi sentivo in dovere di concretizzare in qualche modo il tempo dedicato con tanta intensità all'azienda. Come se non bastasse, avevo l'impressione di dover usare questo tempo investendolo nelle stesse attività nelle quali lo spendevano i miei colleghi di lavoro. Esisteva un condizionamento ambientale tale da portare tutti noi a condividere lo stesso modo di occupare il nostro tempo libero: viaggiare.

Certo, mi è sempre piaciuto viaggiare. Continua a piacermi. Quindi, mi sentivo felice se potevo passare un fine settimana a Parigi o da qualche altra parte d'Europa. Tuttavia, nel mondo di cui facevo parte, non si trattava soltanto di viaggiare, ma di farlo in un certo modo: significava frequentare certi alberghi, determinati ristoranti, come in una mappa prestabilita di possibilità. In alcune occasioni, ebbi come l'impressione di "spendere tanto per spendere". Tutto era scelto affinché lo *stress* non mi creasse frustrazione. Tutto accadeva come in un percorso prestabilito, semplicemente perché avevo abbracciato un determinato stile di vita.

Oggi, a distanza di anni, mi rendo conto che dietro a quel modo di vivere, in realtà, dominava una necessità molto basilare: lavorare tante ore e dedicare tante risorse personali e professionali all'azienda creava automaticamente la necessità di controbilanciare quegli sforzi nel modo in cui normalmente si occupa il poco tempo libero che resta.

Periodicamente, sentivo il bisogno di materializzare il frutto di tanto *stress* accumulato. Dovevo premiare me stesso per la mancanza di tempo libero nel quale, effettivamente, vivevo. Avevo bisogno (o almeno questo credevo) di potermi permettere cose che non tutti possono permettersi: quei viaggi lampo a Parigi, quegli alberghi, quella selezione predefinita di ristoranti erano la mia ricompensa. Oggi, mi viene la pelle d'oca quando penso di aver vissuto tanti anni così: non può esserci niente di peggio che il desiderio di spendere per giustificare tanto sforzo, in fondo, frustrante.

Se ti identifichi con quello che ho appena descritto, mi piacerebbe farti notare che ho parlato di una necessità che siamo noi stessi a creare, una necessità che evaporerà del tutto quando darai un taglio netto a questo stile di vita. Uno dei privilegi del mio nuovo stile di vita di cui sono più grato è il fatto di poter godere, nuovamente e al massimo, delle piccole cose, anche se non rappresentano né sono il simbolo di alcun tipo di *status* sociale.

In ogni caso, per essere onesti, le cose mi andavano bene durante la mia esperienza professionale a Barcellona.

Ero felice di vivere in una città che mi piaceva. Avevo paura che, a furia di conoscerla, avrei finito con lo stancarmi di lei.

Non avvenne. Il mio lavoro mi piaceva.

L'azienda contribuì alla mia formazione post-laurea con un *master* in pianificazione e logistica. Inoltre, per il ruolo che ricoprivo, acquistai una visione globale, molto completa, di quello che è un'azienda e di come si relazionano fra loro i vari dipartimenti che la compongono... qualcosa che oggi mi è tornato molto utile.

Sì, apparentemente, tutto andava bene, molto bene.

IL GATTO SI RIBELLA: IL GIORNO IN CUI HO DETTO "BASTA"

Per molto tempo, ho conservato nella mia memoria l'immagine del gattino intrappolato nel magazzino di Bra. Come una vecchia fotografia, quell'immagine era rimasta nascosta tra altri ricordi, aspettando il momento in cui ne avrei avuto bisogno per tornare alla luce.

Quel momento arrivò.

Il Direttore generale organizzò in una casa di campagna, a circa cento chilometri da Barcellona, una sessione di formazione della durata di tre giorni per quadri, dirigenti e *middle manager*.

L'obiettivo di quell'appuntamento era imparare a lavorare in *team*, in una sana collaborazione tra dipartimenti, affinché l'impresa raggiungesse l'ambizioso obiettivo di vendita che si era prefissata e che senza dubbio meritava.

Giungemmo alla casa quando era già notte, molto tardi. Ci pesava soprattutto il lavoro svolto durante le ore che avevano preceduto il nostro viaggio a Girona. Condividevamo tutti l'impressione che sarebbe stato difficile lasciare la nostra vita quotidiana dall'altro lato della porta, che non saremmo stati capaci di godere delle giornate che ci aspettavano.

Di questo parlavamo mentre aspettavamo in una sala che affacciava su un giardino interno, dall'altra parte di una vetrata. Fuori il cielo era scuro.

Il formatore ci venne incontro. Prima di andare a cena, voleva salutarci e dirci qualche parola. Si espresse con forza ed estrema chiarezza.

"Buonasera", disse. "Anzitutto, voglio ringraziare ognuno di voi per aver deciso di partecipare a questa esperienza. Passeremo insieme le prossime quarantotto ore e, se c'è qualcosa di questo tempo passato insieme che mi piacerebbe che portaste con voi una volta rientrati a casa, è la presa di coscienza di un principio fondamentale: non possiamo mai essere nel lavoro persone diverse da quelle che siamo nella nostra vita privata, e viceversa. Penso che tutti condividiate con me questa affermazione, vero?".

Passò il suo sguardo accogliente su tutti noi.

Quelle parole risuonarono nella mia testa come un *gong* tibetano, con la stessa profondità, la stessa intensità.

Iniziai a guardare i miei colleghi uno a uno, cercando sul loro viso qualche tipo di reazione: volevo sapere se anche loro stessero sperimentando la mia stessa sensazione... le loro teste dondolavano leggermente, assentendo, anche se nessuno pronunciò una parola. Pensai fossero stanchi. La mia mano si alzò impulsivamente, come se un meccanismo a molla la guidasse. Il formatore mi diede la parola, soddisfatto, credo, di constatare che fossimo ansiosi di partecipare attivamente, ancor prima che iniziasse il corso.

"No, non sono d'accordo", replicai senza pensare, anche se con un'idea molto chiara di quello che volevo dire, perché sapevo molto bene quello che sentivo. "Se nella mia vita privata mi comportassi come nella mia vita professionale, difficilmente avrei amici che mi sopporterebbero... e se nella mia vita professionale mi comportassi come nella vita privata, allora forse oggi non sarei qui". La mia voce risuonò ferma, chiara, sicura. Parlai partendo da una convinzione assoluta. Ebbi addirittura l'impressione che le mie parole rimbombassero tra le pareti.

Il formatore mi ringraziò per il mio intervento e, guardandomi negli occhi, mi disse con gentilezza e rispetto:

"Capisco il tuo punto di vista, perché sino a qualche tempo fa anche io la pensavo in questo modo. Mi piacerebbe approfondire con te la questione che hai sollevato, perché è fondamentale. Passiamo la maggior parte del nostro tempo con i colleghi di lavoro, con i nostri superiori e collaboratori invece che con i nostri famigliari e amici, però, ognuno di noi, in un contesto come nell'altro, è sempre una sola persona, con i propri pregi e difetti.

Vivere un dualismo così accentuato tra il sé professionale e il sé personale, prima o poi, potrebbe portare a delle spiacevoli conseguenze.

Quindi, mi permetto di suggerirti di ripensare alla tua posizione, affinché tu possa renderti conto che niente e nessuno al mondo merita che tu agisca in maniera diversa a seconda del luogo in cui ti trovi e a seconda della compagnia alla quale ti unisci.

Adesso è meglio andare a cena. Domani mattina cominceremo a lavorare".

Sorrise e con un gesto ci invitò a passare nella sala da pranzo.

Mi sedetti al tavolo, pensando: "Ovvio! Questo lui lo può dire perché è il capo di se stesso, lavora per conto suo e quindi lo pagano per essere esattamente com'è! In questo modo, sì che è facile". Forse, avevo deciso di arrabbiarmi con quel formatore così gentile solo per non prendermela con me stesso.

Una volta giunto nella mia stanza, non riuscii a prendere sonno e tuttavia non fui capace di fare il passo successivo. Non osai mettermi davanti allo specchio e dire a me stesso: "Sì, lui lo ha fatto e vive felice. Perché io non posso farlo?". In quel momento non osai agire, ma da quella notte questo pensiero rimase nella mia testa a rimuginare.

Ancora non lo sapevo, ma appena quattro mesi dopo, qualche giorno prima del Natale del 2010, avrei vissuto un altro momento chiave della mia vita professionale.

Come succede in tutte le aziende, anche per la mia arrivò a fine anno il momento di fare un bilancio: i responsabili avrebbero espresso la loro valutazione sulle nostre prestazioni professionali e ci avrebbero comunicato le aspettative, economiche e di responsabilità, che l'azienda desiderava ottenere per i suoi dipendenti.

Il mio diretto superiore arrivò da Lussemburgo con l'intenzione di consegnarmi quello che l'azienda considerava sarebbe stato il mio regalo di Natale.

Riconoscenti per gli sforzi e le prestazioni ottenute con il mio lavoro, mi offrivano una promozione professionale molto importante: mi chiesero di trasferirmi in un'altra capitale europea, posizionata strategicamente tra Europa e Asia, con un ruolo di responsabilità molto interessante, uno stipendio quasi raddoppiato rispetto a quello che ricevevo in quel momento e diversi *benefit*. Era una di quelle proposte alle quali non si può dire di no.

Ascoltai attentamente il mio capo. Quando finì di parlare, lo guardai fisso negli occhi e risposi:

"Tutta la mia vita è grata a questa impresa. Mi ha fatto crescere come professionista e come persona. Oggi, però, sono convinto che i nostri percorsi debbano separarsi. È arrivato il momento. Ho capito che devo fare tutto il possibile per essere felice professionalmente: scelgo una felicità che non dipende esclusivamente da un fattore economico.

Si tratta di una felicità che trova la sua ragione di esistere nel desiderio di vivere la vita che voglio, dedicando tutti i miei sforzi a creare un progetto tutto mio".

Il mio capo, incredulo, tornò a ripetermi l'offerta che l'azienda aveva deciso di farmi.

Io, a mia volta, ribadii la mia decisione.

Curiosamente, constatare la fiducia che l'azienda aveva in me e nel mio lavoro mi servì per convincermi ancor di più che fosse arrivato il momento di andare via. Era eticamente corretto. Al contrario, se avessi accettato quella posizione, avrei iniziato una fase della mia vita in cui non sarei stato in grado di dare all'impresa tutta la decisione e la convinzione che meritava da parte di un dipendente. Né la mia testa né il mio cuore si trovavano là.

Ci furono amici e familiari che mi spronarono ad accettare la proposta solo per qualche anno. "Che vuoi che sia? Ti sacrifichi qualche anno e poi potrai andar via con un po' di soldi messi da parte sul conto". Peccato, però, che questo non sia mai stato il mio modo di pensare. Non avrei mai potuto iniziare una nuova fase professionale nella mia azienda pensando a quando sarebbe terminata. Secondo me, quando un'azienda paga un lavoratore, ha diritto di esigere il suo massimo coinvolgimento... esattamente l'unica cosa che io non potevo dare alla mia.

Passai i sette mesi successivi ad affiancare il mio sostituto. Infine, nel luglio del 2011, sul punto di compiere 36 anni, attraversai la porta e la chiusi alle mie spalle per sempre e nel modo in cui i miei genitori mi avevano insegnato a fare: senza avere, in nessun momento, la sensazione di avere crediti o debiti con nessuno.

Mi sentii sollevato e contento allo stesso tempo.

Ancora una volta, nella mia vita avevo detto "basta".

Adesso avevo tantissima voglia di mettere di nuovo tutto in discussione per continuare a crescere e imparare.

DAVVERO POSSO ESSERE FELICE?

"Allora?
Tu credi davvero che io possa esser felice nella mia vita?".

Agosto 2012, Matamoros (Messico)

La Felicità.

Secondo il *Dizionario della Real Academia de la Lengua Española*, "felicità" è:

1. Stato di piacevole soddisfazione spirituale e fisica.

2. Persona, situazione, oggetto o insieme di persone che contribuiscono a rendere felici. La mia famiglia è la mia felicità.

3. Assenza di problemi o contrattempi. Viaggiare felicemente.

A me sembra una parola enorme. Enorme.
Spiegai ai miei genitori che avevo deciso di lasciare il mio lavoro nella multinazionale durante un viaggio a New York che avevamo condiviso in occasione del compleanno di mia madre. Me lo ricordo come se fosse ieri: ci trovavamo in Washington Square Park, nel sud dell'isola di Manhattan, nel quartiere di Greenwich Village.

Mia madre, come sempre quando prendo decisioni importanti nella mia vita, mi fece una sola domanda: "Questo ti rende felice?".

Mio padre, dopo essersi seduto, aggiunse: "Avanti allora, conta su di noi. Saremo sempre al tuo fianco".

Non chiesero maggiori dettagli, semplicemente mi appoggiarono.

UN IMPRENDITORE HA BISOGNO DI ESSERE E DI SENTIRSI APPOGGIATO

Riconosco che, nonostante sapessi quello che stavo per fare, ero spaventato.

Quando ti lasci alle spalle uno stile di vita che ti garantisce stabilità, sicurezza economica e successo professionale, solo perché vuoi "essere felice", sperimenti come una sensazione di vertigine. È come quando, senza essere un nuotatore esperto, ti vedi abbandonato in mezzo al mare: dovrai abituarti a questo mare e nuotare.

Stavo per compiere trentasei anni; avevo appena detto addio all'azienda che, fino a qualche mese prima, ero certo sarebbe stata con me per tutta la mia vita.

Ho parlato dei miei genitori. Sapere che fossero al mio fianco, come sempre, mi diede conforto.

Per un imprenditore è molto importante sentirsi appoggiato, sapere che le persone alle quali vuole bene e che ama sono dalla sua parte. Chi fa questo mestiere vive una specie di solitudine molto intima, soprattutto quando muove i suoi primi passi e si sente impaurito. Ha dei dubbi: "E se mi stessi sbagliando?". Avere quindi l'appoggio dei tuoi cari, delle persone nelle quali hai fiducia, rappresenta un sollievo e ti dà modo di fare un gran respiro.

Avevo il sostegno anche di molti amici, che mi incoraggiavano ad affrontare con un atteggiamento positivo questa nuova fase.

Tutti erano molto contenti per me, pieni di fiducia nelle mie decisioni e nel mio futuro.

Ci fu anche chi, guardandomi meravigliato, quasi più spaventato di me, mi chiedeva: "Sei sicuro di quello che hai fatto?". Mancava solo che mi dicessero: "Sei matto!". In fin dei conti, però, ti rendi conto che te lo dicono con il cuore e quindi sei loro ugualmente grato. Le loro domande sono un grande aiuto perché ti spingono a riflettere su ciò che hai fatto e a pensare a quello che devi fare.

Tutto può servire per sapere più chiaramente che sei sulla strada giusta, per farti prendere coscienza della decisione importante che hai assunto, perché tu possa credere che tutto si può ottenere nella vita. In fondo, come disse Thomas Edison, *Il genio* (e quindi a mio parere il successo) è *un 10% di ispirazione e un 90% di sudore*.

Non lasciare un lavoro fisso pensando che lavorerai meno. Soprattutto all'inizio (e forse anche dopo), lavorerai tre volte più di prima, guadagnando tre volte meno... però, questo sì, lo farai animato dalla speranza di far crescere qualcosa che è tuo.

Da questo periodo di cambiamento uscii emotivamente fortificato.

Adesso dovevo muovere il passo successivo: agire.

Un imprenditore deve muoversi. Non si tratta di lanciarsi verso un luogo qualsiasi. Si tratta di riflettere e scegliere che cosa fare per mettersi in marcia verso una nuova vita.

È il momento che io chiamo *START* e che vedremo più avanti.

UN ANNO SABBATICO: VACANZA, ECONOMIA E FORMAZIONE

Ogni imprenditore deve tenere ben presente la sua situazione generale e quella economica, in particolare.

Nel mio caso, disponevo di alcuni piccoli risparmi... non sarebbero bastati per sempre, ovvio. Così, decisi in che cosa e come investirli.

La mia prima decisione fu quella di prendermi una vacanza. Può sembrarti forse una frivolezza, ma non lo fu. Quando viviamo un cambiamento professionale, o personale, è importante che l'esperienza che abbiamo appena concluso non influenzi quella che stiamo per iniziare. Quale soluzione migliore di un buon viaggio per favorire questo cambiamento?

Andai un mese a Miami.

Ci ero già stato diverse volte. È un'altra di quelle città che mi hanno sempre affascinato. Miami è una delle porte dell'America; si parla spagnolo e c'è chi la considera la capitale economica e sociale di questo mercato. Si tratta di un luogo con un'intensa attività commerciale, dotato di un'importante industria della comunicazione. Sarebbe stato anche un buon posto dove mettere a punto la mia nuova vita da imprenditore.

Occupai il mese che trascorsi in questa città a perfezionare il mio inglese, divertirmi e conoscere gente. Con l'espressione "conoscere gente" intendo "conoscere persone": è una sfumatura molto importante.

Entrai in contatto con imprenditori che avevano deciso di trasferirsi a Miami per avviare la loro attività, conobbi storie di uomini e donne che stavano fuggendo dalla difficile situazione economica spagnola. Per dirla in un altro modo, volli circondarmi, durante questo mese, di persone buone e nutrirmi delle loro storie. Il mio unico obiettivo era apprendere qualcosa da ognuno di loro.

"Conoscere persone" vuol dire entrare in contatto con gli altri, imparare da loro. Ti aiuta a crescere, ti arricchisce sotto tutti gli aspetti ed è davvero necessario da un punto di vista professionale. Tornerò a parlare dell'importanza di "conoscere persone" più avanti.

Quando tornai a Barcellona da quel viaggio, appresi tramite una *email* che esisteva un *Master* in Creazione di *business* tramite *Internet*, che si adattava perfettamente a quello che volevo imparare. *Internet* mi aveva avvicinato al mondo esterno quando vivevo ancora a Cuneo e adesso continuava a far parte della mia vita perché una delle cose che volevo (e che voglio) è avvicinarmi al mondo, fare parte di esso.

Internet ha un potenziale straordinario. Raggiunge il mondo intero, con un risparmio sui costi non indifferente, cosa che contribuisce alla creazione, promozione e crescita di diverse attività. Volevo dedicarmi a questo.

Tornai quindi a essere uno studente.

Non bisogna mai smettere di formarsi. Formarsi significa essere presenti, stare al passo con i tempi, essere svegli, avere una mente vigile, non fermarsi. Significa anche colmare le proprie carenze. Per esempio, un imprenditore deve saper comunicare nel miglior modo possibile con i suoi clienti e fornitori, capire le loro necessità e stabilire un livello di empatia tale che possa permettergli di concludere e mantenere le sue relazioni commerciali con loro. Questo era un aspetto per il quale non mi sentivo sufficientemente preparato. Quindi, decisi di studiare Programmazione Neurolinguistica (PNL); successivamente, cosciente della forza che ha il linguaggio sia in una relazione commerciale sia in quelle personali, continuai ad approfondire l'argomento seguendo un master in *Coaching* di PNL.

Naturalmente, non ti sto invitando a iscriverti a un corso di PNL, se non ne hai bisogno. Ti sto invitando ad analizzare attentamente le tue carenze formative e a identificare tra loro quelle che possono rappresentare un ostacolo nella tua nuova fase, così che tu possa decidere come agire in merito, quali misure prendere.

Parlavo all'inizio della situazione economica. La mia si basava, come ho già detto, sui miei risparmi. Ne avevo utilizzata una parte per pagare la mia vacanza a Miami e un'altra per iscrivermi al *master* del quale ho appena parlato. Avevo ancora qualche risparmio, ma era necessario controllare la mia situazione economica.

Optai per ridurre i costi fissi e diedi la priorità alla cura dei miei investimenti. Come? Per esempio, vendei la mia auto, una comodità assolutamente inutile nel mio caso, visto che vivevo nel centro di Barcellona, a due fermate di metro dal mio ufficio: non ne avevo per nulla bisogno. Oggi, mi rendo conto che prendo il taxi più spesso e comunque, a fine mese, non spendo neanche la metà di quello che spendevo prima tra parcheggi, assicurazione e benzina.

Continuo a praticare questo criterio economico anche oggi, nella mia azienda, e mi sento di raccomandarlo a tutti gli imprenditori. Anche quando la tua azienda andrà a gonfie vele e vivrà una situazione di crescita, non smettere mai di analizzare bene tutte le tue spese: tra queste, potrà sempre essercene una che si può tagliare senza problemi.

Un imprenditore che amministra attentamente la sua situazione economica si trova in una condizione migliore per sopportare quella gara impegnativa che diventerà la sua vita. Essere un imprenditore significa iniziare una maratona nella quale non importa tanto quanto vai veloce ma quanto sei in grado di "mantenere il ritmo". Solo in questo modo si conserva l'energia necessaria per poter andare avanti, crescere e consolidarsi.

Per essere degli imprenditori si ha bisogno di forza mentale, resistenza, volontà di apprendere continuamente. Per questo è importante poter contare sull'appoggio dei propri cari, formarsi e aver cura delle proprie finanze.

Passarono i mesi e, avanzando con i miei studi nel *master*, stavo man mano già definendo che cosa volevo essere: un imprenditore che aiuta, strategicamente, altri imprenditori.

Inoltre, mi apprestavo a vivere alcune di quelle esperienze decisive che il nuovo corso felice della mia vita mi avrebbe portato. Tra tutte queste, ce n'è una particolare, che ho deciso di condividere con te.

MESSICO

Una volta terminato il *master*, nell'anno 2012, decisi che una parte dei miei investimenti doveva essere nuovamente indirizzata verso un viaggio in un Paese straniero. Questa volta, però, i costi sarebbero stati sostenuti grazie a corsi e dibattiti che avrei avuto l'opportunità di tenere ovunque fossi andato. Diversamente, non avrei avuto modo di finanziare il mio viaggio.

Prima ho parlato di agire: *START*. Arriva un momento, quando ti sei preparato, quando hai scelto a che cosa dedicarti, quando stai dirigendo la tua vita nella direzione per la quale hai optato, in cui bisogna "mettersi in marcia" nel vero senso della parola, in senso pratico. Non bisogna affrettarsi, certo, ma neanche ritardare troppo. Se sei troppo precipitoso e non hai analizzato tutte le opzioni che hai a disposizione, è possibile che tu possa commettere degli errori. Se ritardi troppo, invece, rischi di rimandare eternamente qualcosa che acquista senso e matura solo quando lo affronti: rimandando, quindi, potresti commettere un errore.

Nel mio caso, decisi che, grazie ai miei studi e all'esperienza maturata in tanti anni di lavoro nel mondo delle imprese, mi trovavo nella condizione di iniziare a muovere i miei primi passi come il consulente strategico che avevo deciso di essere. Naturalmente, avevo ancora molto da imparare, ma potevo condividere con altri professionisti tutto quello che avevo appreso fino a quel momento: linee di azione strategica nel *web*, alle quali contribuivo grazie alla mia esperienza nel mondo dell'impresa, insieme con i miei primi progetti *online*. Inoltre, perché no, potevo parlare come imprenditore.

A luglio, mi trovavo in Messico, nello stato di Tamaulipas. Alcuni amici messicani che avevo conosciuto a Barcellona mi aiutarono con il viaggio. Conoscere persone significa, nella maggior parte dei casi, scoprire che condividi con loro interessi e che puoi collaborare con gli altri. Questo è quello che facevo con i miei amici messicani a Barcellona, nel "mio territorio"; adesso, stavamo per farlo in Messico, il loro territorio. Ci occupavamo di alcuni convegni e corsi per uomini d'affari e imprenditori.

Dal Messico tornai a Miami in agosto, dedicandomi nuovamente al *networking* e a tessere relazioni con professionisti che avevo conosciuto attraverso le reti sociali e con i quali mi ero messo in contatto prima del viaggio, fissando appuntamenti per condividere di persona quello che avevamo in comune e per valutare in quali progetti avremmo potuto collaborare. Grazie a quegli incontri, nacque la possibilità di ritornare in quella città mesi dopo, a novembre, per tenere un discorso alla *Camera di Commercio Spagnola*. Come si dice... "da cosa nasce cosa": un passo mi aveva portato a quello successivo.

Ti racconto tutto questo per farti riflettere su un punto: *Internet*, oggi, ci offre infinite opportunità. Attraverso i *social network*, come *Twitter* o *Linkedin*, possiamo entrare in contatto con professionisti dall'altra parte del mondo, persone che possono diventare nostri soci o *partners*.

Il problema non è come incontrare quel contatto che ci permette di raggiungere il nostro obiettivo. La cosa più importante è capire bene che tipo di obiettivo vogliamo raggiungere, di che cosa abbiamo bisogno e che cosa possiamo offrire in cambio.

Non lanciarti mai verso nuovi rapporti professionali, dentro e fuori la rete, se non hai le idee ben chiare e strutturate, perché rischi di trasmettere un'immagine poco professionale.

Approfittai del viaggio a Miami in novembre per visitare di nuovo il Messico. Tornai a Taumaulipas perché i miei contatti del recente viaggio estivo mi avevano preparato un intervento, questa volta nella città di Matamoros.

Matamoros, che in *huasteco* (una delle lingue *maya*) significa qualcosa come "luogo dove si prega molto", stava per regalarmi una delle esperienze più significative della mia vita, che non ho mai dimenticato.

A sud della foce del Rio Bravo e vicino alla città di Brownsville, nel Texas, Matamoros è una città difficile, che, per via del *Trattato di Libero Commercio con l'America del Nord* (*TLCAN*) è sede delle fabbriche automobilistiche della Chrysler, General Motors e Ford. Inoltre, è una città governata dall'esercito.

Il *TEC* di Monterrey è un'istituzione pubblica di educazione superiore specializzata nei corsi di Ingegneria e il mio compito era tenere un intervento rivolto agli studenti della sua sede di Matamoros. Il tema sarebbe stato *Internet* e i *social network* come strumenti per trovare lavoro, una volta diplomati.

Riconosco che mi trasmetteva una certa inquietudine stare di fronte a tanti studenti. Con uomini d'affari e imprenditori sapevo come comportarmi, ma sarei riuscito a catturare e mantenere viva l'attenzione di quei diplomandi per tutto il tempo della conferenza?

Durante il volo da Barcellona verso gli Stati Uniti, avevo approfittato delle ore di viaggio per preparare il mio intervento.

Avevo deciso che, oltre a esporre gli aspetti tecnici legati al *marketing* digitale e i principi basilari che regolano il *focus* e lo sviluppo di un *personal brand*, avrei introdotto anche altri concetti: volevo offrire al mio pubblico un'analisi più profonda e umana, desideravo offrire loro la possibilità di riflettere sul vero significato della parola "felicità" applicata al contesto professionale. Pensavo che potesse essere qualcosa di nuovo e molto utile, soprattutto per alcuni ragazzi che, una volta diplomati, avrebbero iniziato la loro vita professionale. "Magari", pensai, "le mie parole possono aiutarli a iniziare col piede giusto".

Mi trovai con più di cento persone sedute nella sala. Iniziai a parlare. Mi è sempre piaciuto parlare in pubblico. Mi sento a mio agio nel farlo. Anche in quel momento, mi parve naturale, davanti a quel pubblico che era, questo sì, uno dei più numerosi ai quali mi fossi mai rivolto sino a quel momento.

Mentre parlavo, mi sentivo intimamente impressionato e molto grato per l'assoluto silenzio che regnava in quello spazio. Quello che mi impressionò non fu solo il silenzio. Fu il rispetto che respirai nell'ambiente, il rispetto con il quale gli studenti mi ascoltavano. L'attenzione si intensificava, potevo percepirlo, e mentre l'attenzione cresceva, il mio senso della responsabilità faceva lo stesso.

L'intervento giunse al termine. Ci fu un lungo applauso e alcuni alunni iniziarono ad avvicinarsi per salutarmi, molto educatamente, per condividere con me le loro impressioni. Mi piacciono molto questi momenti, perché tutto quello che ho cercato di trasmettere acquista un senso... in fondo, la ragione di essere di qualsiasi intervento risiede in chi mi ascolta, in quello che pensa, nelle sue domande e riflessioni.

Tra tutti gli alunni, ce ne fu uno che attirò la mia attenzione. Era seduto al fondo della sala e mi si avvicinò con un passo timido e rispettoso. Quando infine ci trovammo uno di fronte all'altro, mi guardò dritto negli occhi, dicendomi che l'intervento gli era piaciuto molto e facendomi quella che forse fu la domanda più difficile che chiunque, in tutta la mia vita, mi avesse posto, sino a quel momento:

"Quindi lei crede che io possa essere felice nella mia vita?".

Intorno a noi la sala si era trasformata in un luogo vivace, pieno di gente che andava e veniva, e la mia testa cercò il modo migliore per dirgli che sì, che doveva averne la certezza: se lo voleva, sarebbe stato felice.

Avevo l'assoluta convinzione che fosse così, perché gli anni mi avevano permesso di sperimentarlo, però... come spiegarlo a un ragazzo così giovane, che per di più viveva in una città così tristemente soggiogata al conflitto tra l'esercito e le bande di narcotrafficanti? In una città dove il denaro solitamente si associa a qualcosa di turpe e la felicità sembra essere sinonimo del "carro" più lussuoso e del priviliegio di appartenere a una determinata classe sociale?

Come spiegargli che avrebbe potuto essere felice, se così voleva, perché la felicità non era a Matamoros o in nessun altro luogo del mondo, ma doveva trovarla dentro se stesso?

Come avrei potuto spiegarglielo io, che ero solo uno straniero di passaggio per il *TEC*?

Tornando in albergo, continuai a pensare alla domanda di quel ragazzo così deciso ed educato. Mi sentivo grato per aver fatto parte in qualche modo di quella domanda, posta così semplicemente da qualcuno che era così giovane.

Giunse il mio ultimo giorno in Messico.

Mi imbarcai nuovamente e da quel momento iniziò un altro lungo viaggio.

Occupai le ore di volo nel ricordare tutto quello che avevo vissuto, analizzandolo e valutandolo. Ero arrivato in Messico per tenere alcuni corsi e un intervento e tornavo con un grande bagaglio di conoscenze, più motivato e con le mie convinzioni più ferme che mai. Felice.

Quel ragazzo mi aveva fatto uno dei regali più belli che potessi desiderare: mi aveva confermato che la decisione di dire "basta" era stata quella giusta. Se avessi agito diversamente, non avrei mai potuto vivere quel momento così emozionante. Adesso, si trattava "semplicemente" di trasformare quella libertà in un modello di *business* e riuscire così a continuare ad aiutare gli altri, per quello che le mie possibilità mi permettevano, vivendo onestamente e felicemente di questo.

IL TASSISTA

Atterrai a Barcellona la mattina seguente con un volo diretto da Città del Messico.

Desideravo tornare a casa, dopo quasi un mese passato fuori. Avevo voglia di sfruttare tutte quelle esperienze e punti di vista e soprattutto di iniziare a pianificare il futuro.

Presi un taxi ed ebbi la fortuna di incontrare un tassista davvero loquace, proprio come me, così che il tragitto fu molto vivace e divertente.

L'uomo mi chiese da dove venissi. "Dal Messico", risposi. "Ah! Vacanze!", fece lui. "No, lavoro", risposi io.

"Di che cosa si occupa?", mi chiese il gentile conducente, un ragazzo giovane e ciarliero.

Ero sul punto di spiegargli che, in realtà, non lavoravo più, che facevo quello che mi piaceva e che, da quando lo facevo, non avevo più avuto la sensazione di lavorare. Mi contenni per paura di essere cacciato dal taxi e bollato come una persona pesante.

Non ricordo esattamente che cosa gli risposi. Non so che cosa gli spiegai. Quello che mi ricordo è che la sua risposta fu:

"Ah... qualcosa con *Internet*!".

Evidentemente, non avrei potuto spiegarmi peggio. Compresi allora qualcosa di molto importante: dovevo imparare a spiegare quello che facevo in un modo chiaro e conciso.

Venivo da un'esperienza straordinaria, dalla quale avevo imparato molto, e terminavo il viaggio con un tassista che mi ricordava l'importanza di continuare ad apprendere.

Adesso, dovevo definire, ancor di più e meglio, il mio *personal brand*.

Chi era e di che cosa si occupava Erick Canale?

PARTE 2
ESSERE IMPRENDITORE

Gli imprenditori ci sono sempre stati. Alcuni di loro hanno fatto la storia. Colombo fu un imprenditore a tutti gli effetti.

Il navigatore italiano, di origini genovesi, mise tutto l'impegno possibile per arrivare alle coste del Cipango, oggi Giappone, navigando verso Occidente anziché verso Oriente.

Era convinto degli enormi vantaggi che quella nuova rotta avrebbe portato al commercio tra Europa e Asia, con un'evidente riduzione dei costi scaturita dal fatto di giungere da un luogo a un altro attraverso un percorso più breve e con meno ostacoli dal punto di vista geografico. Il marinaio non sospettava che avrebbe incontrato un "ostacolo geografico" fuori dal comune: l'America, "ostacolo" che, in ogni caso, gli avrebbe portato vantaggio.

Realizzare il suo progetto richiese molto tempo e molta costanza.

Come prima cosa, preparò scrupolosamente il suo piano. Il suo obiettivo era raggiungere il Giappone, così si documentò attraverso tutte le fonti possibili che all'epoca parlavano di come raggiungere l'Oriente in un altro modo. Elaborò le sue carte nautiche per affrontare la traversata. Pensò ai mezzi materiali e umani dei quali avrebbe avuto bisogno per il viaggio e calcolò i costi. Quando ebbe tutto pronto, iniziò intensamente a fare *networking*.

Coltivò le relazioni che aveva a portata di mano, sino ad arrivare agli investitori che avrebbero potuto finanziare la sua impresa: i suoi rapporti con Toscanelli, con amici e conoscenti del suocero, il colonizzatore di Madera, un paio di frati e un duca, tra gli altri, furono il suo *Linkedin* personale. Grazie a tutti loro, riuscì a raggiungere i suoi potenziali investitori: il primo, Giovanni II di Portogallo, e poi la sua finanziatrice definitiva, Isabella di Castiglia, la Regina Cattolica.

Colombo era dotato inoltre di una grande capacità, quella che oggi chiamiamo *resilienza*, perché lungo il suo cammino affrontò pesanti delusioni, ma non per questo rinunciò al suo sogno. Lo perseguì instancabilmente; nonostante ciò, non arrivò mai a Cipango, bensì in America.

No, non mi sento un "Colombo", anche se ci sono delle affinità apprezzabili: sono italiano come lui, l'America è presente nella mia vita e nei miei sogni e vivo a Barcellona, la città nella quale egli lanciò l'ancora in uno dei suoi viaggi di ritorno da quello che veniva chiamato il Nuovo Continente. Aneddoti e scherzi a parte, quel che è certo è che lo spirito imprenditoriale fa parte della condizione umana.

Noi esseri umani siamo imprenditori per natura, perché questo spirito ci ha aiutati e ci aiuta a sopravvivere, ci sprona a realizzare i nostri sogni e a lottare contro i nostri limiti.

Tuttavia, ci sono certe sfumature che non tutti condividiamo.

In un'epoca in cui "essere imprenditori" è di moda (in parte perché la crisi economica ha favorito l'idea dell'auto-impiego come via d'uscita dalla disoccupazione), è anche onesto dire che non tutte le persone del mondo hanno la stoffa per essere imprenditori.

Essere imprenditori vuol dire avere idee e spirito di iniziativa, essere mossi dal desiderio di iniziare imprese nuove, avere predisposizione a pensarle, idearle, pianificarle e... metterle in atto. Essere imprenditori significa inoltre assumersi dei rischi, saper ascoltare senza lasciarsi influenzare, prendere delle decisioni rapidamente, non avere paura di un fallimento e guardare sempre avanti. Secondo me, essere imprenditori è un modo di essere, nella vita come nel lavoro.

Quando lavoravo come dipendente, avevo dei colleghi che, in questo senso, erano degli autentici imprenditori. Sicuramente, molti di loro, se non tutti, continueranno a lavorare come dipendenti e non smetteranno mai di farlo. Allo stesso modo, però, non smetteranno mai di essere imprenditori. Lo sono all'interno di una struttura aziendale e sono felici di esserlo.

Altri, tuttavia, e tra questi io, hanno bisogno di avere delle idee e di portarle avanti determinando e decidendo le regole della partita che si apprestano a giocare. Vogliamo creare progetti nei quali lavorare felicemente insieme alle persone che ci piacciono e, soprattutto, disporre del nostro tempo con flessibilità, coltivando un progetto tutto nostro. Quando è questo ciò di cui abbiamo bisogno, non è raro allora non sentirci a nostro agio quando lavoriamo per qualcun altro. Semplicemente, non siamo felici.

Considero imprenditori tanto gli uni quanto gli altri, perché tutti lo siamo per carattere e attitudine. Sono i secondi, però, quelli ai quali mi rivolgo, quelli che forse condividono gli stessi sentimenti che avevo io il giorno in cui ho detto "basta", il giorno in cui mi fu chiaro che non potevo andare avanti sulla strada che stavo percorrendo.

Sentivo la necessità di smetterla di aspettare che i giorni della settimana passassero per poter finalmente godere del week end, smetterla di aspettare che passassero i mesi per poter assaporare, finalmente, le ferie, smetterla di dover chiedere un giorno di permesso perché mi si rompeva la lavatrice e il tecnico non poteva venire a ripararla se non in un orario lavorativo... può sembrare una sciocchezza, ma a me sembrò così assurdo dover chiedere un giorno di permesso perché mi aggiustassero la lavatrice!

Ah! E le domeniche!

Per me, erano il momento più delicato, l'ora in cui la buona energia che mi aveva lasciato un sereno fine settimana tra amici si scontrava con la consapevolezza che l'indomani sarebbe stato "già" lunedì.

Oggi, anche se ovviamente continuano a piacermi, non aspetto più le vacanze, i fine settimana, l'ora in cui finalmente posso uscire dal mio ufficio... perché semplicemente amo quello che faccio e non ci sono più questi alti e bassi emotivi fra la domenica e il lunedì.

Capita abbastanza spesso, all'interno delle aziende, che dopo un week end e soprattutto dopo le ferie gli impiegati, riunendosi intorno alla macchina del caffè, si lamentino perché "il meglio" è già finito... sono sicuro che anche a te sarà capitato di trovarti in questa situazione.

Probabilmente, in tutti loro è comune la percezione che l'azienda li paghi per il loro tempo, per le ore che passano negli uffici, nei magazzini, nei laboratori. Partendo da questa percezione, un impiegato vende ore della sua vita all'azienda per la quale lavora, con l'obiettivo di poter disporre, a un certo punto, di risorse sufficienti per poter godere di alcuni giorni di tempo libero con la sua famiglia o i suoi amici.

È questo quello di cui hai bisogno?

È questo quello che desideri per il resto della tua vita?

In ogni caso, come dicevo all'inizio, bisogna sapere che non tutti a questo mondo sono imprenditori. E non importa. Quello che conta è essere felice, qualunque cosa tu faccia. Là dove sarai, quello sarà il tuo posto.

Quando un imprenditore mette insieme la sua voglia di iniziare avventure nuove con il suo desiderio di disporre in maniera flessibile del suo tempo, allora inizia per lui una gara in cui dovrà mettere molto in gioco. Bisogna essere preparati al meglio per affrontare questa maratona che fortunatamente non ha una fine.

Nelle pagine precedenti ho menzionato il periodo di crisi che attraversiamo e che spesso spinge a scegliere, in molti casi come unica via d'uscita, il ruolo di imprenditore. Naturalmente, una crisi è un modo come un altro per risvegliare l'imprenditore che c'è in te. Tuttavia, non è raro che quando si inizia questo stile di vita partendo dall'urgenza di risolvere una situazione economica difficile, a volte disperata, lo si faccia con una certa fretta. Questo non è il miglior punto di partenza; dobbiamo essere coscienti di questo.

Essere imprenditori richiede tempo. Attenzione: non si tratta, come vedremo più avanti, di rimanere in eterno in ogni fase che attraverserete. Bisogna attraversare queste fasi, viverle, apprendere da ognuna di esse e poi... andare avanti.

È sempre lo stesso concetto: le cose arrivano quando devono arrivare, né un secondo prima né un secondo dopo. Quello che invece richiede tempo è vedere i risultati. Bisogna essere preparati, sia economicamente sia spiritualmente, a lasciare che questo tempo passi e che i risultati arrivino.

Essere imprenditori significa commettere degli errori: meno se ne fanno, meglio è, ma preparati, perché si tratta di questo. Quando accade, bisogna essere pronti a reinventarsi, concedere un po' di tempo al dispiacere e poi rapidamente analizzare l'errore, capire dove abbiamo sbagliato, prendere nota per non ripeterlo e andare avanti. Un imprenditore non deve aver paura del fallimento, però deve prestare molta attenzione, per non ripetere gli stessi errori.

Per quanto riguarda questi ultimi, forse avrei abbastanza materiale per scrivere un altro libro, però in questo caso mi limito a una riflessione: davanti a un errore o a un fallimento, è fondamentale che impariamo a capire immediatamente qual è stata la vera causa che lo ha generato.

Molte volte, le cause reali sono nascoste e, se non siamo capaci di identificarle correttamente, possiamo correre il rischio di tornare a ripetere lo stesso errore ancora e ancora.

Chiediamoci sempre il perché di ogni sbaglio. Abituiamo anche i nostri collaboratori o impiegati, se ne abbiamo, a fare lo stesso. Ti invito a fare questo non con l'obiettivo di cercare dei colpevoli (operazione molto amata dai *manager* e dai Direttori generali della vecchia scuola, e che non serve assolutamente a nulla) ma solo ed esclusivamente con lo scopo di un miglioramento continuo: è un processo che non possiamo mai permetterci di fermare ed è anche l'unico modo per migliorare, capire e riconoscere qual è stato l'errore che abbiamo commesso.

Essere imprenditori è un'esperienza solitaria, sotto molti aspetti, lo abbiamo già detto. L'imprenditore è una persona sola. Bisogna avere una forza interiore tale che, anche se dovesse esaurirsi, si sia in grado di rialimentarla il prima possibile. Dobbiamo trovare in noi stessi le risorse per poterci curare, darci coraggio e andare avanti.

Preparati, ma non spaventarti. Ti capiterà spesso di sentirti demotivato, triste, stanco; succederà che i risultati non arrivino nella forma che avevi sperato e neanche nei tempi previsti.

Che cosa bisogna fare, in questi casi?

Innanzitutto respirare a fondo. Analizza perché le cose non stanno andando nella forma sperata. Sii obiettivo con te stesso. Non cercare scuse fuori dalla tua area di responsabilità. Hai fatto tutto il possibile? Se non lo hai fatto, dove sta l'errore e come puoi risolverlo?

Quando l'errore che abbiamo commesso è chiaro, la situazione è facile. L'unica cosa che dobbiamo fare è prenderne coscienza e fare di tutto perché non torni a ripetersi.

Il difficile sta quando pensiamo di aver fatto tutto nel miglior modo possibile. Quando succede questo, forse ci troviamo davanti a una situazione semplicemente normale. Anche più che normale. Forse è il momento di ricordare, come dicevamo qualche riga fa, che le cose arrivano quando devono arrivare e che, anche se abbiamo fretta e lavoriamo ventiquattro ore al giorno, non per questo possiamo accelerare un processo che dobbiamo imparare a vivere. In questo caso, dobbiamo trovare le risorse che ci possono rianimare, che ci aiutano ad andare avanti con più forza che mai.

Ogni volta che mi trovo in una situazione come questa, ti confesso che la migliore medicina è il sonno. Se ti sorgono questi dubbi la sera, chiudi tutto e vai a dormire. E se ti sorgono durante il giorno, tra le pareti del tuo ufficio, se ne hai la possibilità, spegni il computer e vai a farti un giro.

È molto importante che in questi momenti critici tu non ceda all'angoscia e torni a collegarti intimamente con il cammino fatto fino a quel momento. Chiediti dove ti trovavi sei mesi prima, dove stavi un anno prima... ti stupirai nello scoprire quante cose hai fatto, delle quali quasi non ti sei reso conto. Se ti soffermerai su questi pensieri, riuscirai a darti la carica e alimenterai in maniera salutare la tua autostima. Sono sicuro che questo ti aiuterà ad andare avanti durante il tempo che ci vorrà perché arrivi il gran giorno in cui il tuo progetto sarà diventato realtà.

Diventare imprenditori, proprio perché è un atto in qualche modo solitario, vuol dire poter contare sugli altri. Quando siamo soli, le relazioni con gli altri diventano basilari. A livello personale, contribuiscono a darci stabilità emotiva. A livello professionale, ne abbiamo bisogno per crescere e, quando contribuiamo alla crescita altrui, ci sentiamo davvero molto bene. Tra imprenditori siamo compagni e possiamo e dobbiamo aiutarci.

Esserlo significa anche inserirsi in un sistema che, nonostante promuova l'auto impiego, molte volte offre condizioni poco favorevoli affinché un imprenditore sia facilitato al momento di creare il suo progetto (penso alle condizioni fiscali, per esempio). È qualcosa che cambia da Paese a Paese, naturalmente, ed è meglio che tu raccolga tutte le informazioni del caso.

Noi imprenditori abbiamo motivazioni molto diverse che ci spingono a essere ciò che siamo. Per quel che mi riguarda, essere imprenditore mi sembra una forma molto creativa di vivere. Molto creativa e molto libera. Il mio obiettivo personale più profondo è, verso i 60-65 anni, potermi dedicare finalmente, esclusivamente, al mio "progetto di vita", che per me è qualcosa di concreto, che vorrei rimanesse su questa Terra molti anni di più rispetto a quelli che io vivrò in essa. Alla fine, faccio tutto quello che faccio per arrivare a questo scopo.

È molto utile, per raggiungere il successo professionale, che ognuno identifichi e visualizzi qual è la sua motivazione finale e più profonda. Cercala, analizzala, condividila con i tuoi cari e, se davvero è un obiettivo che ti muove da dentro, allora collocala nel tuo orizzonte e concedile spazio, affinché si trasformi nella tua principale ispirazione. Se riesci a vedere questo "obiettivo vitale" come il tuo vero obiettivo professionale quotidiano, allora riuscirai a dare alla tua vita una coerenza travolgente, nella quale il tuo "io professionale" e il tuo "io personale" viaggeranno in parallelo.

Detto questo, la domanda che voglio porti è: "È meglio lavorare per arrivare alle tre settimane di ferie a fine anno, lamentandoti quando sono finite e contando i giorni che ti separano dalla pensione, oppure è più attraente lavorare a qualcosa che ti permetta un giorno di lasciare la tua piccola impronta su questa Terra?". Non ci sono risposte giuste o sbagliate per questa domanda. Se la risposta che ti dai ti rende felice, allora vuol dire che va tutto bene. Altre risposte potrebbero non farti felice. E altre potrebbero forse portare anche te un giorno a dire "basta".

Diventare imprenditori può far paura. Io ne ho avuta e non ti nascondo che questo fantasma torna a uscire dall'armadio, di tanto in tanto. Tuttavia, la paura è qualcosa di soggettivo, che si diluisce e si dissolve quando prendi coscienza che, se lavori e lo fai con rigore, allora le cose andranno per il meglio. Sei tu a fare in modo che le cose vadano per il meglio. E se non vanno bene e sei vigile, allora potrai correggere quello che è necessario e inoltre avrai anche un piano B, una "riserva". Non è che sia necessario o imprescindibile averli, ma diciamo che è... raccomandabile. È una questione di probabilità.

Bisogna tenere in conto le probabilità, perché un imprenditore deve essere disposto ad ammettere che il suo progetto sta fallendo. Bisogna tentare di non affezionarsi troppo a un progetto perché potrebbe accadere che non vada bene e che la paura del fallimento ti faccia prolungare più del necessario situazioni insostenibili. È importante non cadere in questa trappola. Bisogna essere capaci di mettere il punto finale a un progetto che sta fallendo e cominciare quello successivo, senza che il fallimento vissuto influenzi negativamente la nuova sfida, ma facendo in modo che, piuttosto, la alimenti.

Per questo ho parlato di un piano B… e, se possibile, anche del fatto di non dipendere dalle banche! Evitare i debiti contribuisce a essere liberi. E se sei libero, sicuramente sarai felice. Ti riprenderai dal progetto fallito, lo analizzerai e ti rimetterai di nuovo in azione, con la speranza riposta in un progetto nuovo, che beneficerà dell'esperienza acquisita.

Poco sopra, ho parlato di come la paura sparisca: succede, se si lavora con rigore. Se fai le cose bene, tutto andrà bene. Ci credo fermamente.

Le 10+10 regole che adesso ti proporrò hanno molto a che vedere con il "fare le cose bene".

Già nell'introduzione ho dichiarato che scrivo questa storia per me. Questo libro è una riflessione su quella che è stata la mia traiettoria sino a ora e significa rendermi conto di quello che ho fatto e di come l'ho fatto.

Riflettere è molto importante per chiunque, però diventa vitale per un imprenditore. Ogni tanto, bisogna fare una pausa, guardarsi indietro, analizzare, valutare, tirare delle conclusioni e a quel punto, ovviamente, andare avanti.

Questo è precisamente il motivo per cui spero che possano servirti le regole delle quali ti parlerò.

Sono il risultato della mia riflessione e delle esperienze che ho condiviso con i colleghi imprenditori e con i clienti.

Mi piacerebbe che ti aiutassero a riflettere e che tu potessi attingere a delle risorse che contribuiscano a chiarire i tuoi obiettivi, a farti decidere quali passi fare, come farli e, cosa molto importante, con quale disposizione d'animo farli.

Alla fine, noi imprenditori siamo persone, con le nostre forze e le nostre debolezze, con tutta la nostra paura e con molto valore. Per restare al passo, dobbiamo farlo partendo dalla testa e dal cuore.

LE 10 REGOLE OPERATIVE

È arrivato il momento di presentarti le 20 regole delle quali ti parlavo all'inizio del libro che hai nelle tue mani, 20 principi che possono contribuire (in maniera decisiva, credo) ad andare avanti in questa fase della tua vita, nella quale hai deciso di portare alla luce l'imprenditore che c'è in te.

Come ti dicevo, questi principi nascono dalla riflessione che ho fatto sulla mia esperienza personale e che ho potuto verificare durante questi anni con collaboratori, clienti e altri imprenditori, confrontandomi con loro e condividendo un cammino parallelo.

Ho già detto che le dividerò in due blocchi: 10 regole operative e 10 regole d'oro.

Le 10 regole operative che adesso ti presento hanno un carattere eminentemente pratico. Sono pensate per affrontare il tuo lavoro giorno dopo giorno, perché esso trovi espressione, perché funzioni nella sua diffusione e promozione, perché tu possa lavorare sia su te stesso come professionista sia sul tuo modo di orientare e sviluppare il tuo prodotto o servizio.

La coerenza tra questi ultimi due aspetti deve essere decisiva nel far procedere il tuo progetto e soprattutto deve aiutarti nell'avanzare con criteri chiari e ben focalizzati.

REGOLA N. 1: "NON PASSARE MAI INOSSERVATO"

Una delle cose peggiori che può capitare ad un essere umano è quella di passare totalmente inosservato. Certo, allo stesso tempo non è necessario che ci trasformiamo in una ridicola "insegna ambulante". Quello che importa è che, in equilibrio con noi stessi, con coerenza tra chi siamo e il progetto che stiamo portando avanti, possiamo esprimerci davanti agli altri nella migliore forma possibile, lasciando un'impronta nella mente di qualsiasi persona che incontriamo durante il nostro cammino personale e professionale.

È una questione di naturalezza.

Permettimi di farti un esempio interessante, parlandoti di un'esperienza che ho vissuto qualche anno fa...

La sveglia, quella mattina, aveva voglia di suonare... ma io non avevo di alzarmi. La notte prima, avevo fatto le ore piccole per poter terminare un progetto importante che dovevo assolutamente consegnare quel giorno. Quando finalmente mi resi conto che quel trillo non si trovava nei miei sogni, ma era reale e mi avvisava che erano le 8:00 del mattino, mi si fermò il cuore! Imposto sempre due sveglie e quella delle 8:00 rappresenta l'ultima spiaggia, nel caso non dovessi sentire quella delle 7:00. Non ho mai avuto bisogno della sveglia delle 8:00, però quella mattina... fortunatamente, si trovava lì per ricordarmi che la giornata era già cominciata!

Alle 9:00 avrei dovuto essere assolutamente in ufficio per conoscere un nuovo cliente, che sarebbe venuto a farmi visita e... se c'è qualcosa che non sopporto nella vita è aspettare. Per questo motivo, odio trovarmi nella situazione di far aspettare qualcun altro. Il tempo è prezioso. Il mio e quello degli altri. Non è solo una questione di buona educazione. Il tempo ha un valore. Ognuno di noi deve decidere quanto vale il proprio tempo. Più avanti, torneremo su questo tema, perché è decisivo quando arriva il momento di fissare un "prezzo" al nostro lavoro.

Feci la doccia in tempo record, per colazione mangiai una mela mentre prendevo l'ascensore e poi mi lanciai letteralmente per la via Aragón di Barcellona, aspettando di poter fermare un taxi il prima possibile... arrivò nello stesso momento in cui un collega mi stava chiamando al telefono. Fermai il taxi e risposi al cellulare allo stesso tempo. Entrando in auto, l'unica cosa che riuscii a dire al fu l'indirizzo al quale avrebbe dovuto portarmi e poi mi concentrai sulla chiamata.

Avevamo già percorso metà della strada che separa la mia casa dall'ufficio, quando terminai la chiamata. Una volta chiusa la conversazione, chiesi scusa alla tassista per essere stato tanto veemente al momento di entrare in auto e per non averle neanche dato il buongiorno.

La ragazza mi guardò molto gentilmente attraverso lo specchietto retrovisore e mi disse di non preoccuparmi; lo fece con una voce molto soave e dal marcato accento andaluso. Poi aggiunse:

"Lei è stato a New York tre o quattro mesi fa, vero?".

In effetti, ero stato a New York proprio tre mesi prima per la cena di consegna dei *Goya Hispanic Achievement Awards*, organizzata dalla *Camera di Commercio di Spagna* di quella città.

Il mio stupore fu enorme e la domanda uscì dalla mia bocca più velocemente di quanto fossi uscito quella mattina dalla doccia: "E lei come fa a saperlo?".

"Perché la portai io all'aeroporto, quella mattina", mi rispose, "E ricordo perfettamente come, durante il viaggio, lei mi aiutò a vedere il mio lavoro di tassista come nessun altro era mai riuscito a fare. Non sa quanto gliene sia grata".

Rimasi stupito. Nessuna persona sconosciuta mi aveva mai fatto un regalo così bello. È questo tipo di cose che ti riempie l'anima. Lasciare un'impronta in quelli che incontriamo è fantastico e fondamentale.

Mi riferisco a questo, quando dico di non passare inosservato. Qualsiasi situazione nella quale stiamo interagendo con altre persone può servire affinché la comunicazione sia utile, affinché il tuo interlocutore, in un modo o nell'altro, si ricordi di te. Non possiamo mai sapere dove si trova un'opportunità professionale, però so esattamente dove si trova l'opportunità di rendere felici quelli che incontriamo nel nostro quotidiano: proprio dietro l'angolo.

REGOLA N. 2: "PIANIFICA, PONITI OBIETTIVI AMBIZIOSI E NON AVERE FRETTA"

Quello della pianificazione di un progetto è un momento straordinario.

Sai già di essere un imprenditore. Lo hai deciso. Hai fatto il grande passo. Hai detto "basta" laddove bisognava dirlo. E adesso?

Adesso devi creare il tuo progetto.

Non avere fretta, ma inizia da subito a fare le tue mosse.

La fretta, nel caso (e lo sarà) arriverà in un altro momento. Adesso no.

Sappiamo che ti premeranno alcune circostanze. Quelle economiche probabilmente. Però non bisogna cedere a questa pressione, non al momento di pianificare il tuo progetto.

Insieme al tuo progetto corre, in realtà, tutta la tua vita: la tua nuova vita.

Concentrati su quello che vuoi fare. Definisci che cosa vuoi fare, anche se poi, in realtà, una volta nel mercato, dovrai destreggiarti fra diverse possibilità. E definisci il come e il quando.

Stabilisci di che cosa hai bisogno per costruire il tuo progetto.

Pianifica gli strumenti e le risorse di cui sei già in possesso o che sono alla tua portata.

Somma il tutto e disegna la tua idea.

Analizza in maniera obiettiva le tue carenze o le aree in cui puoi migliorare, quelle insomma che con molta probabilità ti creeranno problemi nell'andare avanti con il tuo progetto.

Questo è un punto molto importante. Un buon imprenditore è quello che sa in ogni momento quali sono le sue carenze e che lavora sodo per cambiarle.

Cerca sempre di guardare avanti. Io, per esempio, tendo a lavorare ogni giorno con obiettivi a breve, medio e lungo termine: che cosa voglio fare e dove voglio stare oggi, dove voglio essere tra sei mesi o dove voglio essere tra due anni.

Pensa con la mente aperta a tutte le opzioni e a tutte le cose che ti piacerebbe ottenere. Lascia andare la fantasia e non porre limiti alla tua ambizione. Scrivi queste idee una dietro l'altra su un foglio bianco. Non ti fermare durante questo esercizio.

Una volta terminato, ordina tutti questi obiettivi, a seconda del tempo e della priorità di ognuno.

Hai mai pensato di scrivere un libro? Forse non è ancora il momento, ma sono sicuro che sarai cosciente dell'importanza che questo può avere per lo sviluppo del tuo *personal brand* o della tua azienda, quindi non porti limiti e metti anche questo fra i tuoi obiettivi, forse tra quelli a lungo termine.

Gli obiettivi a lungo termine ti aiuteranno a dirigere il corso di ogni giorno in maniera efficiente. È come quando stiamo imparando a guidare l'auto. L'istruttore ci dice sempre che dobbiamo essere capaci di condurre guardando alla fine della strada e non alla punta della nostra macchina. Guardare avanti ci permetterà di seguire l'andamento della strada e di rispettare tutte le sue curve.

Un giorno, mi stavo facendo tagliare i capelli da un parrucchiere che si trova proprio sotto casa mia. Il ragazzo che si stava occupando di me mi disse: "Ieri è venuta nel salone una cliente che fa la psicologa e mi ha invitato a vivere giorno per giorno, senza fare troppi piani a lungo termine, perché non possiamo mai sapere quello che ci può succedere".

Oggi ti invito a fare un passo in più rispetto a quello di cui parlava la psicologa dal parrucchiere.

Vivi e godi di ogni giorno, un giorno dopo l'altro, dalle piccole alle grandi conquiste che la vita ti pone davanti, però punta in alto. Pensa in grande, perché generalmente la nostra cultura ci abitua sin da bambini a credere che l'ambizione sia qualcosa di dannoso, qualcosa che hanno solo le persone superficiali e materialiste.

Non tutte, ma comunque moltissime persone cedono alla tentazione di tracciare i propri piani con modestia: aspiriamo a "poco", in generale, per paura, per insicurezza... perché dubitiamo di noi stessi e della nostra capacità. Ti invito a fare esattamente il contrario. Concediti di pensare in grande. Sogna il tuo progetto, visualizzalo in tutto il suo potenziale. È a questo che tu aspiri. Non tarparti le ali da solo.

Ti racconto una cosa. A tutti è capitato qualche volta di lasciarsi trascinare dalle possibilità più facili: ci lasciamo trasportare dalla corrente per comodità, per evitare lo sforzo di nuotare... cerchiamo tutto quello di cui abbiamo bisogno per rimanere nella nostra zona di *comfort*.

E a tutti noi è successo a un certo punto di desiderare o pensare di fare qualcosa di nuovo: automaticamente cerchiamo qualche esempio, qualche esperienza precedente simile nella quale abbiamo avuto successo.

Se la troviamo, allora andiamo avanti senza costruirci troppi ostacoli... ma se non la incontriamo, allora cominciano ad apparire e a minacciarci i dubbi.

Quello che solitamente facciamo quasi per inerzia è cercare, trovare e sottoporci delle scuse, convincerci che la nostra idea forse non è così buona come sembra.

Che cosa sta succedendo esattamente? Che abbiamo una grande idea e ci impegniamo a renderla piccola. La paura dell'ignoto ci incita e ci spinge a ridimensionarla.

Pensiamo a ciò che ci ritroveremmo ad affrontare se dovessimo portare avanti la nostra idea e la grandezza di questi doveri ci avvolge, ci travolge e ci spaventa. E poi, quando siamo sul punto di abbandonare questa idea per colpa della paura, allora ci guardiamo intorno... e ci rendiamo conto che quello che ci spaventa è stato già affrontato da tante altre persone, che sono andate avanti, hanno osato e hanno anche ottenuto buoni risultati, ne sono uscite vincitrici, con successo. Ed è proprio in questo momento che compare quel fastidioso sentimento di frustrazione.

Incolpiamo noi stessi per non avere il coraggio di fare quel passo in avanti che ha già segnato il percorso e la direzione di altri che invece quel coraggio lo hanno avuto, hanno pensato in grande e dato alla propria idea il valore che meritava. A tutti noi è capitato che in testa ci ronzassero solo domande di questo tipo: "Funzionerà questa idea? Sarò capace di portarla avanti e materializzarla? Sono realmente preparato/a? Saranno sufficienti le mie conoscenze e attitudini? Sarò in grado di farlo bene?". Dubbi, dubbi e ancora dubbi...

Non è un male avere dubbi e paure, anzi, è perfettamente normale. Quello che non va bene è permettere che questa paura ci paralizzi e ci domini. Questo è un grande errore. E per non cadere in esso conviene appunto pensare in grande e non permetterci di sminuire le nostre idee.

Tutti siamo stati presi d'assalto dalla paura, qualche volta. Sappilo. Ma sappi anche che tutti siamo capaci di vincerla. Per farlo, devi semplicemente metterti di fronte a lei, tirare un forte colpo sul tavolo e convincerti che puoi farlo, ripetere a te stesso: "È qui che mi trovo, è quello che desidero e lo farò!".

Non voglio che questo discorso ti risuoni come il classico discorso motivazionale senza né capo né coda, il cui unico obiettivo è quello di creare in te un picco emotivo che domani avrai già dimenticato. È qualcosa di più, perché puoi avere la motivazione più grande del mondo, ma se non sei capace di plasmarla e di dirigerla correttamente in un piano d'azione che ti permetta di portare avanti il tuo sogno, allora non ti servirà a molto.

Questo "io" interiore che ripete continuamente "no" deve essere vinto. Ribellati a lui. Vincilo. Se non lo fai, vivrai quotidianamente mentendo a te stesso, continuando a ripeterti che non sei capace, vivrai con un continuo senso di frustrazione. Se lo fai, se vinci e ti decidi finalmente a portare avanti la tua grande idea, tutto cambierà, avrai una speranza per la quale alzarti ogni giorno e questa speranza, come se si trattasse di un potente combustibile, ti darà l'energia necessaria per lottare con la motivazione giusta per raggiungere i tuoi obiettivi.

Da qui l'importanza di godere di ogni piccolo risultato che otterrai durante il cammino, mentre stai portando avanti il tuo piano.

È successo anche a me. Ho dato quel colpo sul tavolo e ho detto: "Lo faccio!". E l'ho fatto. Quindi, senza alcun dubbio, da questo momento in poi, ti invito a pensare in GRANDE.

Ci sono colleghi di lavoro e amici che ogni tanto mi dicono: "Hai avuto molto coraggio a lasciare tutto per inseguire il tuo sogno".

Io rispondo sempre che avrei avuto bisogno di molto più coraggio per continuare a fare quello che stavo facendo, senza molti stimoli se non quelli materiali e con un piano professionale per il futuro per niente in linea con il mio piano personale, un progetto per il futuro che non mi dava la speranza di cui ho bisogno e che, come ogni essere umano, merito. In realtà, forse quel giorno in cui ho detto "basta" ho scelto l'opzione più facile...

Concludo con una domanda e una risposta di due grandi personaggi:

Disse Vincent Van Gogh: *Che cosa sarebbe la vita se non trovassimo il coraggio di provare qualcosa di nuovo?*

Quello che disse Voltaire potrebbe essere una buona risposta: *Colui che vive prudentemente, vive tristemente.*

REGOLA N. 3: "RIDUCI I COSTI FISSI"

Qualche anno fa, ebbi il piacere di avere tra i miei clienti una coppia che aveva deciso di dedicarsi alla pratica delle terapie naturali.

Per diversi mesi, ci riunimmo lavorando fianco a fianco per costruire la loro nuova attività e anche l'immagine che questa avrebbe avuto *online*: sviluppammo il loro sito *Internet* e curammo con attenzione la loro linea di comunicazione, coscienti che la loro professione, come quasi tutte, del resto, doveva assolutamente evitare ogni possibile accenno di diffidenza.

Raggiungemmo l'obiettivo. La loro immagine digitale rispecchiava la loro professionalità: rigorosi, onesti e dediti al loro lavoro. Iniziarono a fatturare offrendo corsi e terapie. Il loro progetto cresceva.

Inizialmente, offrivano le loro prestazioni in casa, però le cose andavano così bene che ero certo che, grazie alla loro buona attitudine e a un lavoro di qualità, presto avrebbero potuto trovare, da qualche parte nella città, uno spazio fisico dove stabilirsi. Sarebbe stato sintomo della loro crescita e della bontà di quel progetto imprenditoriale.

Passò un anno da quando avevamo avviato questo progetto, quando ricevetti una telefonata.

Erano loro. Mi chiedevano un preventivo per lo sviluppo di un *e-commerce*. Mi rallegrai molto nel ricevere notizie da parte loro, soprattutto perché erano novità che interpretai come un segnale del fatto che effettivamente il loro progetto stava crescendo e che le cose andavano bene. Pensai (il mio passato "logistico" prese il sopravvento...) che quello che volevano fosse avere la possibilità di vendere attraverso il *web* prodotti che i clienti avrebbero comprato su richiesta. Questa è una strategia molto comune ed è la migliore, soprattutto quando si è agli inizi e non si ha a disposizione uno storico di vendite che consenta di decidere lo *stock* di prodotti più adeguato per il nostro *business*: in parole povere, non sappiamo quali, tra i prodotti che andremo a vendere, siano quelli che hanno le maggiori e migliori probabilità di vendita.

Tuttavia, la realtà che mi spiegarono fu un'altra.

Avevano deciso di approfittare di quella che loro interpretavano come un'opportunità, ovvero investire in un negozio reale in una città vicino a Barcellona, quindi, avevano deciso di investire denaro liquido in uno spazio fisico e in uno *stock* con il quale occupare questo spazio.

Lo scenario che la coppia aveva scelto mi preoccupò. Anche io, qualche anno prima, avevo vissuto l'esperienza di essere socio di un negozio e so quello che significa riuscire a generare le entrate necessarie per coprire almeno i costi fissi...

A quei tempi, la mia esperienza con un negozio di mia proprietà finì male, nonostante avesse lasciato a me e al mio socio un insegnamento che nessun *master* al mondo avrebbe potuto darci, permettendoci di imparare in un modo così chiaro e diretto. La stessa cosa successe ai miei clienti: dopo qualche mese, furono costretti a chiudere.

Quando seppi che in effetti l'attività era in chiusura, mi sentii male. Da una parte ero molto affezionato al loro modo di essere e lavorare e avevo paura che questa sfortunata esperienza potesse influenzarli al di là di quell'evento specifico. Per un altro verso, in qualche modo, mi sentivo responsabile di quello che era successo: non avevo avuto l'opportunità di avvertirli per tempo di curare con attenzione i costi fissi che si sarebbero assunti: non è possibile infatti caricarsi eccessivamente di questi costi, né in numero né in volume, almeno finché il nostro negozio non ha acquistato una solidità e una redditività tali da poterselo permettere...

Questa situazione di apparente fallimento insegna alcune lezioni fondamentali. La prima è che l'imprenditore deve sempre analizzare ogni passo che fa con moltissima attenzione. Se la decisione che si trova sul punto di prendere ha un'importanza cruciale per il futuro della sua attività, è indispensabile che si faccia consigliare, che ascolti più di una persona, con l'obiettivo di avere nelle mani tutti gli elementi necessari per assumere una decisione corretta.

Abbiamo già detto che uno dei due elementi che contribuisce allo sviluppo naturale di un'attività è la capacità dell'imprenditore di controllare le sue spese e il flusso di cassa, non solo quando il progetto è agli inizi, ma in particolar modo quando è in fase di avvio.

Un buon metodo è analizzare le tue spese e metterle in relazione in maniera obiettiva e coerente con il tuo progetto. Una regola fondamentale è che tu riduca le tue uscite fisse e che faccia attenzione a non sostituirle con nuove spese che, se le valutassi con attenzione, ti apparirebbero probabilmente non necessarie.

È una regola importante per tutta la durata del tuo progetto, ovviamente, ma in particolar modo quando stai iniziando: trasforma in variabili tutte le spese fisse che puoi. In questo modo, spenderai solo se vendi. Se non vendi, perché non è ancora arrivato il momento in cui le vendite decollano, allora almeno non avrai spese. Economicamente, manterrai la tua situazione sostenibile; interiormente ed emotivamente, sarai abbastanza tranquillo e grazie a questo raccoglierai le forze necessarie come imprenditore per andare avanti.

Per esempio, un errore molto comune quando il nostro progetto imprenditoriale presuppone un'attenzione particolare al cliente, è quello di cercare un ufficio o un locale. Vale la pena a questo punto che tu prenda in considerazione il fatto che forse, almeno agli inizi, sarebbe meglio affittare a ore un ufficio in *coworking*, che occuperai solo quando effettivamente avrai la necessità di vedere e assistere un cliente. Agendo in questo modo, avrai un controllo immediato e chiaro della tua gestione: se ricevi un cliente, avrai delle entrate; se avrai delle entrate, una parte di queste pagherà lo spazio di *coworking* nel quale lo accogli.

Invece, se hai un ufficio o un locale *full time*, sin dal primo momento, dovrai necessariamente pagare, senza avere ancora la certezza del fatto che i clienti ti cerchino per i tuoi servizi. Ti caricherai di un peso economico e, di conseguenza, come abbiamo visto, emotivo, a dir poco pericoloso.

REGOLA N. 4: "IMPARA A PRENDERE DECISIONI RAPIDE"

Essere imprenditori significa prendere decisioni. In realtà, quasi tutto nella vita comporta prendere delle decisioni. Decidiamo e agiamo. È vero anche che a volte "agiamo senza pensare", nonostante questo sia, tecnicamente parlando, più o meno discutibile.

Quello che però è chiaro è che, quando qualcuno porta avanti un progetto, deve prendere decisioni e probabilmente ne deve prendere molte e decisive. Anche dopo che il progetto sarà avviato, continuerà a dover decidere. E così, sino alla fine dei nostri giorni.

Il bello di prendere decisioni è che per farlo bisogna necessariamente conoscere i fatti: la questione della quale dobbiamo decidere si converte in oggetto d'analisi, valutando pro e contro, contemplando opzioni e possibilità, identificando risorse e strumenti. Perfetto.

Tuttavia ci sono occasioni, momenti e circostanze nelle quali rimaniamo eternamente bloccati nel processo decisionale. Passiamo tanto tempo a pensare, valutare, analizzare... senza decidere nulla. Nel frattempo, ovviamente, restiamo fermi.

In altri casi, non siamo noi a decidere il tempo a disposizione per prendere una decisione: davanti a un'emergenza, dobbiamo dare una risposta quasi immediata.

Al di là della situazione nella quale ci troviamo, è sicuramente utile essere preparati mentalmente per decidere rapidamente, perché non possiamo rimanere fermi, dobbiamo avere una reazione immediata.

C'è chi in maniera molto naturale riesce a prendere decisioni veloci con grande facilità, magari perché è abituato ad agire così.

Altri invece hanno bisogno di un certo allenamento per poter dare risposte in maniera rapida.

Un imprenditore deve essere flessibile... e la flessibilità implica adattabilità, perché, anche se la nostra mente ha ben chiaro il cammino che deve percorrere il nostro progetto, la realtà ci impone, in alcune occasioni, variabili che forse non avevamo contemplato. Questo ha molto a che fare con il decidere rapidamente.

Man mano che la tua attività cresce, ti troverai continuamente in situazioni nelle quali questa capacità di prendere decisioni in maniera rapida ti sarà molto utile.

Qui ti propongo alcuni esempi di questi casi, ma la lista potrebbe essere molto più lunga e complessa:

1. Quando sei davanti a un cliente e devi capire se fa parte di quei clienti che è meglio "perdere che trovare"; mi riferisco a

clienti conflittuali che possono farti perdere molte risorse che invece potresti impegnare in forma migliore in altre attività.

2. Quando devi inviare un preventivo sulla base di una situazione aziendale, quella del tuo cliente, che tuttavia non conosci molto bene, con il rischio di "schiacciarti le dita" con un preventivo troppo stretto. Non ritardare l'elaborazione e l'invio del preventivo per questo motivo, così eviterai il rischio di perdere il cliente nel caso in cui la tua proposta arrivi troppo tardi.

3. Quando devi valutare se le collaborazioni che altri professionisti ti venderanno sono effettivamente utili per il tuo *business* oppure no.

4. Quando, durante i momenti di eccessivo lavoro, devi essere capace di darti delle priorità giorno per giorno sulle azioni da sviluppare.

5. Quando i tuoi clienti ti chiedono un suggerimento o un consiglio, confidando sulla tua esperienza e professionalità.

6. Quando, davanti a un mancato pagamento, devi decidere se continuare ad avere fiducia nelle capacità finanziarie del tuo cliente (possiamo avere tutti problemi occasionali di liquidità) o se è meglio fermare il servizio prima che il problema economico si faccia più grande.

7. Quando devi liberarti di quelle attività e/o operazioni che non ti garantiscono il margine sperato.

8. Quando devi decidere se chiudere o continuare a investire in una linea di *business* che continua a non dare i risultati sperati.

Un esercizio che iniziai a praticare quando mi resi conto che dovevo necessariamente diventare in grado di prendere decisioni rapide ha molto a che vedere con le piccole cose della vita quotidiana: per esempio, quando si va al ristorante e si rimane davvero troppo tempo a guardare il menù, scorrendo lo sguardo sui piatti, dubitando e dubitando. Tutte le volte nelle quali mi capita di andare al ristorante, ho preso l'abitudine di prendere in mano il menù, dargli un rapido sguardo e poi scegliere senza pensare troppo, senza trattenermi e senza riflettere eccessivamente sul fatto che potrei preferire un piatto piuttosto che un altro: dò uno sguardo rapido e scelgo. Sì, lo so, rischio di andare incontro a una delusione... però, in realtà, non mi è mai successo. Lo stesso può verificarsi quando si va al cinema. Può capitare frequentemente di perdere tempo davanti al tabellone delle multisale... bene: agisco nello stesso modo. Dò uno sguardo rapido e scelgo il film. Sì, lo so, anche qui corro il grande rischio di andare incontro a una delusione...

Pratico abitualmente questo esercizio, con i suoi piccoli rischi. Ha contribuito e contribuisce a fare in modo che il mio cervello apprenda a essere molto rapido e mi è di aiuto quando devo prendere decisioni più importanti rispetto a quelle che riguardano il piatto del menù di un ristorante o un film da vedere al cinema.

REGOLA N. 5: "INVESTI SU DI TE "

È importante, quando si decide di essere imprenditori, e oserei dire quando si vive in generale, non dimenticarsi mai di investire su se stessi.

Se siamo qui, condividendo questo libro, è perché ognuno di noi, in un modo molto singolare e individuale, ha una ragione tutta sua, che appartiene a lui e a lui solo, che lo ha portato a prendere certe decisioni, decisioni che non influenzano solo la sua vita professionale e personale, ma, per estensione naturale, anche la vita delle persone che gli sono accanto.

Per natura, noi viviamo in mezzo agli altri, abbiamo bisogno di loro e loro di noi. Di quelli che amiamo e che ci amano. Tutto, però, parte da noi, dalla nostra individualità.

Se io come persona e professionista non investo *in primis* su di me, succede esattamente la stessa cosa che accade quando si ha un'attività e non si investe in essa: man mano, perderò forza e, più o meno rapidamente, finirò per fallire.

Io investo molto su di me, prendendomi cura della mia persona, continuando la mia formazione, dedicandomi intensamente al lavoro, ma cercando anche quotidianamente di ritagliarmi dei momenti per me stesso, momenti in cui mi concedo di rilassarmi insieme alle persone alle quali voglio bene.

Sono importante. Lo sono per me stesso. Se investo su di me, investo nel mio progetto, investo, automaticamente, nelle persone che mi aiutano ogni giorno a portarlo avanti e posso inoltre investire in altre che forse hanno bisogno di me.

Se parliamo di formazione, per esempio, investire in te stesso significa anche sapere quali delle risorse economiche che hai a disposizione dovranno essere usate per approfondire temi sui quali tuttavia ti senti ancora debole. La formazione non dovrebbe essere mai vista come una spesa. È un investimento fondamentale, un mattone importante per quello che stai costruendo, quindi è importante che destini una parte del tuo *budget* annuale per questo.

Investire su te stesso, man mano che la tua attività sta crescendo, significa anche, per esempio, decidere di delegare ad altri professionisti una parte delle tue attività, in maniera tale da poter vivere più libero e occuparti dello sviluppo globale del tuo *business*.

Utilizzare la regola 80/20 significa investire su te stesso: abbandona o delega ad altri quelle attività che non ti danno il ritorno sperato o che non sono legate direttamente al tuo *business*. Ci sono incombenze, come per esempio la gestione amministrativa della tua impresa (anche se l'impresa al momento sei solo tu), che presuppongono un certo sforzo per poterle portare avanti in modo corretto e in linea con le leggi fiscali, che cambiano continuamente. Questo tipo di attività non farà certo parte del tuo *core business,* nonostante ti costi tempo e sforzi occuparti di loro.

Investire su te stesso vuol dire anche questo: trovare un buon consulente che si occupi in maniera professionale della parte amministrativa e dedicare le ore che hai guadagnato alla crescita del tuo negozio per realizzare incontri commerciali, per sviluppare nuove strategie di vendita, azioni di *marketing*, etc.

Identifica continuamente aree delle quali puoi liberarti per essere da un lato più agile e utile allo sviluppo globale del tuo *business* e per un altro pronto a vivere meglio e più felice.

REGOLA N. 6: "MISURA CONTINUAMENTE I TUOI RISULTATI: CALCOLA LA REDDITIVITÀ DEI TUOI LAVORI"

Questa regola ha molto a che fare con l'economia aziendale di base. Non per questo però bisogna trascurarla.

Non c'è bisogno di essere degli uomini d'affari o degli economisti, ma quando si decide di diventare imprenditori, si mette in azione un piano che è, per alcuni aspetti, una vera azienda, anche quando si tratta di un progetto che riguarda una singola persona.

Quando si avvia un progetto di questo tipo, bisogna avere la stessa attitudine dell'economista, dell'uomo d'affari. È anche un modo per prendere coscienza di quello che si sta costruendo e soprattutto per analizzare l'esperienza che si sta vivendo, valutando successi ed errori e prendendo delle decisioni di conseguenza.

Se decidiamo di essere degli imprenditori, uno dei nostri propositi è "vivere" del nostro progetto. Non si tratta di creare un "artefatto" inutile che non ci aiuta a sostenerci economicamente e che non siamo in grado di mandare avanti. Dobbiamo tenere in conto che, avviando un'attività imprenditoriale, non abbiamo uno "storico delle vendite". Lo storico inizia quando inizia il progetto. Non abbiamo referenti; forse abbiamo un quadro teorico, aspettative basate sugli studi di mercato, però non abbiamo elementi empirici sui quali basarci. Siamo noi a creare questi elementi insieme alla nostra impresa.

Di conseguenza, con il nostro progetto avviato e i nostri primi lavori realizzati, dobbiamo abituarci a misurare continuamente i risultati ottenuti e a calcolare la redditività di quello che stiamo facendo.

In una prima fase, quest'abitudine ci farà capire se andiamo verso la rovina e quindi se è necessario chiudere il progetto prima che sia troppo tardi: non dobbiamo "affezionarci" ai nostri progetti, non dobbiamo "legarci" a loro. Sono le nostre speranze, certo, però dobbiamo essere capaci di capire il prima possibile se le cose vanno male e soprattutto se vanno così male da renderci insalvabili. Se è così, cerchiamo di non rovinarci. Facciamo *dietro front*. Reagiamo e cerchiamo di ottenere anzitutto il diritto a un'altra opportunità e, in secondo luogo, cerchiamo di conservare le condizioni minime necessarie per affrontare questa seconda opportunità.

Se non stiamo andando verso la rovina e osserviamo felicemente che c'è una certa crescita, allora si rende necessario valutare che cosa fare affinché questa crescita continui in maniera esponenziale. Per questo è utile conoscere il rendimento dei nostri lavori, dei servizi che prestiamo.

Grazie a questa conoscenza, possiamo distinguere i servizi o prodotti che ci offrono una maggiore redditività rispetto a quelli che non ce ne portano nessuna. A partire da quest'analisi, possiamo scartare o trasformare i nostri servizi meno redditizi e curare e migliorare quelli che invece lo sono.

È giusto a questo punto evidenziare un aspetto: la redditività della quale parliamo è principalmente economica, ma ci sono altri tipi di redditività possibile.

Così, in alcune occasioni, ci conviene conservare prodotti o servizi che, anche se non sono economicamente redditizi, contribuiscono per esempio a darci prestigio e a "posizionarci" nel mercato, favoriscono e riaffermano il nostro *brand*.

La gestione di questo punto dipenderà molto dal tipo di *business* che stiamo avviando, però tutto comincia con la definizione molto chiara di qual è l'entrata netta stimata che desideriamo ottenere.

Anche se non è tra gli obiettivi di questo paragrafo entrare nei dettagli tecnici, mi piacerebbe invitarti a fare alcune riflessioni utili ad affrontare questo punto, essenziale per il progetto che hai deciso di avviare.

Avanti, allora!

Qual è l'utile netto che vuoi ottenere dalla tua attività?

Non mi riferisco a quello che otterrai all'inizio, perché sappiamo perfettamente che qualsiasi tipo di *business* che avviamo ha bisogno di tempo, prima che generi le entrate sperate. Devi avere però molto chiaro ciò cui aspiri, per orientarti verso questa entrata netta sin dal primo momento.

Cerca di identificare un valore e svilupperemo insieme due esempi: il primo ti servirà se stai pensando di aprire un negozio, mentre il secondo farà al tuo caso se il tuo prodotto è un servizio (consulenze, *coaching*, etc.).

Mettiamo per esempio che tu voglia guadagnare 2000 euro netti al mese.

A questa cifra dobbiamo sommare tutti i costi fissi. Quali? Se abbiamo un ufficio, allora la luce, l'acqua, il commercialista che si occuperà della contabilità. I costi fissi sono quei costi che non dipendono da quanto fatturi. Dobbiamo pagarli, indipendentemente dal fatto che fatturiamo molto o poco.

Alla fine, il totale è di 3500 euro al mese. Questo vuol dire che con questa cifra possiamo affrontare tutti i costi fissi e coprire il nostro stipendio.

Tenendo presente che in un mese abbiamo in media 20 giorni lavorativi, dobbiamo sapere che ogni giorno in cui lavoriamo dobbiamo essere capaci di generare una media di 175 euro (3500 euro diviso 20)

Non terremo conto della tassa sul valore aggiunto (IVA), perché sono soldi che dovremo periodicamente versare allo Stato.

Vediamo adesso separatamente i due casi di cui ti ho parlato:

<u>Abbiamo un negozio:</u>
Se la nostra fatturazione netta deve essere di 175 €, questo vuol dire che, ammettendo di vendere i prodotti con un margine di profitto del 100%, dovremo essere capaci ogni giorno di vendere con un guadagno di 350 € netti, perché la metà di questo importo sarà destinato all'acquisto dei materiali.

350 € netti dovrà essere il nostro valore obiettivo. Dovremo valutare molto bene tutte le azioni che metteremo in atto per sapere come e quando saremo capaci di generare questo volume di affari e, soprattutto, per valutare la quantità minima di vendita.

Immaginiamo che il prezzo medio dei nostri prodotti sia di 10 €; questo vuol dire che dovremo registrare ogni giorno un minimo di 35 prodotti.

Cercheremo all'inizio di non caricarci di uno *stock* molto grande. Se non disponiamo di uno storico delle vendite, il rischio è quello di comprare prodotti che forse alla fine non venderemo. Quindi, cerchiamo di accordarci con i nostri fornitori per piccoli lotti di acquisto, anche se questo vuol dire ottenere condizioni di acquisto meno vantaggiose, perché il rischio di rimanere con prodotti obsoleti in magazzino è reale e dobbiamo fare molta attenzione.

Man mano che il nostro negozio crescerà, potremo scoprire quali sono i prodotti che hanno una migliore rotazione (più vendite) e questo ci permetterà di sistemare le richieste di acquisto che fai, favorendo i prodotti che ci garantiscono il miglior margine di vendita.

<u>Vendiamo un servizio:</u>
Se quello che vendiamo è un servizio (uno psicologo, un terapeuta, un avvocato, un consulente etc.), allora la nostra "materia prima" è il nostro tempo.

Come calcolare allora il prezzo al quale dobbiamo vendere i tuoi servizi?

È molto semplice.

Una volta definito il nostro stipendio obiettivo e sommato i costi fissi, otterremo la fatturazione mensile obiettiva. Immaginiamo ancora una volta che il totale sia di 3500 euro al mese.

In questo caso, la nostra materia prima è il nostro stesso tempo.

Nel nostro quotidiano, avremo ore di lavoro pagate (ore di consulenza, di terapia, etc.) e altre ore di lavoro non pagate (riunioni con i colleghi, riunioni di proposte commerciali, ore dedicate alla gestione dei nostri *social network*, etc.). All'inizio, è un po' difficile equilibrare, economicamente parlando, le une e le altre ed è abbastanza comune commettere l'errore di calcolare un numero elevato di ore remunerate. Ti consiglio, al momento, di iniziare a calcolare tre ore remunerate o fatturabili.

Questo vuol dire che ogni settimana fatturerai 15 ore di lavoro e in un mese un totale di 64. Sì, è proprio così. Dunque, visto che dovrai fatturare 3.500 euro, divisi per le 64 ore fatturabili, il tuo compenso orario sarà di 53 euro.

Ti raccomando vivamente, man mano che avanzi nel lavoro e che i tuoi clienti aumentano, così come vedremo in un altro punto, di esaminare molto bene quali ore dedicare REALMENTE a ognuno di essi e di valutare chi tra loro ti apporta una maggiore rendita e chi una minore. Devi pensare che, anche se fatturi a ognuno di loro lo stesso prezzo orario, è possibile che la loro redditività cambi perché, magari, per seguire alcuni avrai la necessità di chiedere aiuto ad altri professionisti oppure di utilizzare strumenti di lavoro che hanno un prezzo. Per questo motivo, anche se il prezzo orario è lo stesso, i costi di gestione che avrai per i clienti potrebbero essere diversi: alcuni costi potrebbero essere più alti e, di conseguenza, il tuo margine di fisso diminuirà.

Sicuramente, all'inizio, troverai complicato gestire il tempo, soprattutto quello che dedichi ai tuoi clienti. Non è raro che, durante un incontro, i clienti tendano a restare con te più tempo del previsto e che tu possa incontrare difficoltà ad accomiatarti da loro. In questo modo, però, la redditività del vostro rapporto andrà diminuendo ogni minuto che passa. Avrai l'impressione che il tempo (e quindi il denaro) ti sfuggano dalle dita. Puoi risolvere questo problema prendendo l'abitudine di concentrare tutti gli incontri con i clienti nello stesso giorno. Se farai in questo modo e programmerai gli appuntamenti in maniera puntuale, l'arrivo della visita successiva significherà la fine di quella precedente e ciò accadrà in un modo molto naturale ed evidente, sia per te sia per i tuoi clienti.

Per concludere, insisto affinché tu chieda la consulenza di un professionista per aiutarti con la gestione dei punti nei quali ti senti debole o che non sono di competenza diretta del tuo *business*. Bisogna porre solide fondamenta a un progetto, se si desidera che faccia tanta strada.

Se c'è una cosa che ho fatto sin dal primo momento in cui ho avviato la mia attività come libero professionista, è stata fidarmi nel lasciare nelle mani di professionisti competenti lo sviluppo di determinate attività.

Se hai bisogno di un logo per il tuo *brand*, chiedilo a un *graphic designer*. Se devi inviare la dichiarazione dell'IVA del trimestre, fallo fare a un commercialista e liberati del tempo che impiegheresti per assolvere questo compito. Se devi pubblicare sul tuo sito o *social network* immagini e fotografie, chiedile a un fotografo professionista.

Tutto questo è quello che io considero, forse in un modo poco originale, "investire su se stessi". Investi su di te e sul tuo progetto, circondati dei migliori professionisti, perché ci sono costi che in realtà sono investimenti: faranno sì che la tua attività trovi il suo punto di equilibrio molto più rapidamente di quanto succederebbe se invece fossi tu in prima persona a occuparti operativamente di tutto.

REGOLA N. 7: "AFFINA I TUOI PRODOTTI O SERVIZI"

Questa regola è strettamente collegata, per certi aspetti, a quella precedente.

Si tratta di una questione eminentemente pratica.

Avviamo il nostro progetto. I nostri prodotti o servizi sono sul mercato.

In particolare, quando siamo agli inizi, offriamo la nostra "mercanzia" da un punto di vista globale. Ci presentiamo con gruppi molto ampi di prodotti o servizi.

Nel mettere in pratica la regola 6, man mano, cercheremo di comprendere quali sono i servizi o prodotti meno redditizi e riusciremo a distinguere invece quelli che hanno una redditività maggiore.

Con questi risultati, continueremo ad analizzare quello che significa per noi questa informazione e soprattutto qual è il modo più vantaggioso per utilizzarla.

Scartare tutto ciò che non ci porta a dei risultati, che non porta clienti e di conseguenza non genera fatturazione, è un'azione logica; ovviamente, dobbiamo sempre prendere in considerazione anche il valore aggiunto di un prodotto o servizio che, anche se non genera una rendita economica, ci apporta benefici di immagine, prestigio e posizionamento sul mercato, fatto tutt'altro che disprezzabile, anzi importantissimo.

Successivamente, di fronte a quei prodotti o servizi che generano clienti ed entrate, condurremo un'analisi più dettagliata, chiedendoci come possiamo ottimizzare questi risultati.

In questo senso, è importante renderci conto se in certe occasioni stiamo dando "troppo" per un prezzo in proporzione "troppo" basso. È un errore più comune di quello che possiamo pensare, specialmente se parliamo di progetti unipersonali.

Quel che è certo è che, quando succede, siamo noi i primi ad accorgercene. Come potremmo non renderci conto del tempo, dell'energia e della dedizione che investiamo per creare alcuni dei nostri servizi o per seguire qualcuno dei nostri prodotti, quando non abbiamo il corrispettivo economico che sappiamo di meritare?

Se prolunghiamo per molto tempo questa situazione, corriamo il rischio di demotivarci e cedere all'insoddisfazione e alla lamentela, stati d'animo molto vicini forse alle emozioni e ai sentimenti che abbiamo provato in passato, prima di decidere di metterci in proprio. Per questo abbiamo fatto tutta questa strada?

In questi casi, dobbiamo usare la stessa determinazione alla quale facciamo appello quando sappiamo che è meglio non legarci in un modo insano ai progetti che non funzionano. Se siamo capaci di dire addio a questi ultimi, allora siamo in grado di dire addio anche a un prodotto o a un servizio che non funziona.

Esiste un altro modo (perché non sempre si tratta di liberarsi dei servizi poco redditizi): rivedere il servizio in questione, analizzarlo nel dettaglio e valutare se in realtà esso ne contiene altri. Da questa prospettiva nuova, da questa nuova angolatura, possono nascere concezioni più creative e più efficaci per ottimizzare il nostro lavoro.

Ricordo che, qualche mese fa, venne nel mio ufficio un cliente: un *coach*.

Il suo sistema di lavoro si articolava nello sviluppo di sette sessioni.

Analizzando questo sistema, questo *coach* prevedeva una mezz'ora di preparazione da parte sua prima di ricevere il cliente e, dopo ogni sessione, scriveva una *email*, con la quale gli spiegava i dettagli del suo processo, specificava il modo con il quale stava avanzando e identificava i punti critici sui quali egli doveva continuare ad approfondire. Un servizio eccellente, vero?

Al *coach* di questa storia non mancavano clienti, però fu esattamente nel momento in cui il numero delle sue consulenze stava aumentando che si rese conto di aver dato più importanza alla qualità del servizio che alla sua redditività, in un modo chiaramente squilibrato.

Tre elementi di una stessa visita (preparazione, consulenza e invio della *email*) coprivano solo i costi della consulenza. Si trattava di un servizio eccellente ma con una scarsa redditività.

Per il mio cliente era abbastanza evidente che, man mano che aumentava il suo volume di lavoro, la sua ricompensa diventava sempre meno adeguata.

Che cosa dovevamo fare? Era necessario un intervento strategico.

Optammo per affinare il servizio che offriva, distinguendo tra la sessione di *coaching* e l'invio della *email*, che aggiungeva molto valore al suo sistema di lavoro. Offrire i due servizi separatamente, dando al cliente la possibilità di scegliere tra le due opzioni, a seconda delle sue esigenze, necessità e possibilità economiche, significò un cambiamento quasi magico dei suoi risultati: la famosa *email*, che sino ad allora non era considerata nel modo giusto, acquisì un peso specifico chiaro, risolvendo quella che era un'inefficienza operativa importante.

In genere, non si tratta di ridurre le attività, ma di presentarle con il giusto valore al cliente o potenziale cliente, affinché sia lui a scegliere, con le giuste informazioni, quello che preferisce o di cui ha bisogno.

Un altro caso che mi toccò da vicino fu quello di un ristorante nei pressi del mio ufficio.

Il servizio offerto era eccellente, i prodotti freschi, la cucina elaborata e molto buona. Ci andavo a mangiare spesso. Il prezzo del menù (12 euro) mi permetteva di uscire molto soddisfatto da quel posto, che tra l'altro era sempre pieno, dandomi l'impressione che le cose andassero proprio bene all'esercente.

Tuttavia, l'anno scorso, dopo le vacanze estive, seppi che il ristorante si era trasferito. La cosa mi stupì tantissimo. Che cos'era successo?

Il problema che aveva rovinato quel ristorante era stata una cattiva gestione nel calcolo della redditività dei menù: una sproporzione dei costi rispetto alle entrate tale che, man mano che i clienti del locale aumentavano, questo squilibrio economico si moltiplicava. Quanti più menù il proprietario vendeva, tante più perdite accumulava. Non ebbe altra scelta che abbassare la serranda e trasferirsi.

Quando compresi quello che era successo, pensai che, se i proprietari del ristorante fossero stati capaci di soddisfare le esigenze dei loro clienti differenziando per esempio un menù Basic e un menù Premium (i famosi menù dei quadri esecutivi), forse avrebbero avuto meno affluenza di pubblico, ma i loro conti non sarebbero andati a rotoli, come invece è stato. Oggi, probabilmente, continuerei a godere di un menù che mi soddisfaceva enormemente.

REGOLA N. 8: "CURA LA TUA IMMAGINE *OFFLINE*"

Come imprenditore, è molto importante aver cura del nostro *brand* e, in un senso molto profondo, esso comincia proprio da noi.

Sì, esattamente: siamo noi il nostro *brand*, molto più dei servizi o dei prodotti che offriamo, del nostro sito, del nostro logo.

La nostra "immagine *offline*" è il nostro modo di "andare per il mondo" e si pone in una relazione molto diretta con il nostro progetto.

Si tratta di una questione di coerenza. Di onestà.

La cosa più importante che devi tenere a mente è la coerenza nelle tue azioni, nonostante queste d'improvviso ti portino ad assumere decisioni che preferiresti non prendere.

Più avanti ti parlerò dell'importanza che rappresentò per me il fatto di aver "investito in un caffè". Per il momento, mi limito a invitarti a iniziare a essere il centro dell'attenzione dei tuoi contatti, del tuo mondo.

Non ti sto suggerendo di sviluppare doti di egocentrismo (probabilmente non riscuoteresti molto successo tra i tuoi amici), ma sto pensando a qualcosa di molto simile: sii positivamente e serenamente egocentrico.

Fa' in modo che gli altri riconoscano in te una persona di cui potersi fidare, una persona con le idee chiare, positive, in qualche modo un esempio da seguire.

Succede lo stesso quando inizi una dieta. La prima cosa da fare è dirlo a tutto il mondo in modo tale che, quando decidi di comprarti un buon gelato, chi ti circonda possa chiederti: "Ma non eri a dieta?".

Inizia a essere chi vorresti essere. Trasmetti quello che vuoi trasmettere.

Pensi che qualcuno potrebbe fidarsi nel comprare il tuo prodotto o servizio, se ti lamenti in continuazione di quanto va male l'economia e annunci che sei sempre sul punto di non avere abbastanza denaro per pagare le tue spese?

Viviamo circondati dall'incoerenza, perché l'incoerenza è parte dell'essere umano. Persone che dicono una cosa, ne fanno un'altra e probabilmente ne pensano una terza.

Nessuno è perfetto e a tutti noi può capitare di dire qualcosa che non pensiamo o fare qualcosa che non è in linea con quello che diciamo e vogliamo fare. Il problema non è sperimentare situazioni di mancanza di coerenza... magari continuasse a capitarci! Vorrebbe dire che siamo vivi!

Il problema è non renderci conto che questo avviene. Il fatto che non ce ne rendiamo conto non vuol dire che gli altri non lo vedano e non lo giudicheranno di conseguenza.

La mancanza di coerenza ovviamente esiste quando vogliamo mostrare un messaggio positivo e di speranza nel futuro, ma in realtà questa speranza non è ben radicata dentro di noi. Per questa ragione, sono arrivato alla conclusione, dopo tanti anni, che un imprenditore di successo è qualcuno che, prima di cominciare, ha bisogno di fare un lavoro di scoperta interiore molto importante, un lavoro che lo porti a definire i suoi obiettivi e valori e che lo aiuti a incontrare il massimo grado di coerenza possibile con se stesso e con quello che è sul punto di cominciare.

Ho incontrato diversi futuri imprenditori che volevano dare inizio a un progetto che semplicemente non era il loro. Era il progetto della compagna, del padre, del figlio, degli amici... ma non il loro.

È pieno il mondo di medici che volevano fare i cuochi o di avvocati che volevano dedicarsi a scrivere libri e mi piacerebbe avere adesso la bacchetta magica e poter aiutare ognuno di loro a trovarsi nel luogo che lo rende più felice.

La coerenza con i nostri obiettivi ci renderà coerenti nei messaggi che trasmettiamo quotidianamente agli altri e gli altri lo apprezzeranno: se ne renderanno conto, parleranno di noi e contribuiranno al successo del nostro *business*.

In un mondo obiettivamente complicato, nel quale a volte sembra impossibile muoversi, l'essere umano è naturalmente affascinato e attratto da coloro che sono in grado di trasmettere sicurezza e tranquillità. Si avvicineranno a noi come le farfalle che riempiono le nostre notti d'estate, che diventano pazze quando vedono una lampadina accesa e si dirigono tutte verso quella luce.

Bisogna poi tenere in considerazione un dettaglio che considero molto importante: giocare il ruolo del "sano egocentrico" ti permetterà costantemente di entrare in contatto con persone nuove, con nuovi progetti, nuovi sogni e nuovi modi per fare quello che hai fatto fino a ieri.

Tutti abbiamo bisogno di ascoltare quello che pensano le persone che ci vogliono bene e quelle per le quali abbiamo una stima professionale. Non è così?

Per questo, ti invito a lavorare per farti spazio e per iniziare a giocare senza paura il ruolo di "persona importante e riconosciuta" per il maggior numero possibile di interlocutori.

Oltre a intraprendere un'esperienza molto bella e gratificante, vivrai alimentato da questa buona energia... senza contare, lo ripeto ancora una volta, tutte le opportunità e i progetti che passeranno davanti ai tuoi occhi.

REGOLA N. 9: "CURA LA TUA IMMAGINE *ONLINE*: SII PRESENTE CONTINUAMENTE NELLE RETI SOCIALI"

Bill Gates disse: *Ci saranno due tipi di business nel XXI secolo: quelli che sono su Internet e quelli che non esisteranno.*

Oggi, quest'affermazione sembra acquisire ogni giorno più forza ed è più che normale, se consideriamo che la quasi totalità dei nostri clienti sono connessi quasi 24 ore su 24 attraverso i loro dispositivi intelligenti e che questo vuol dire che, potenzialmente, possiamo raggiungerli in qualsiasi momento del giorno.

Quando tuttavia il tuo *brand* **è ancora giovane**, il fatto che cresca rapidamente dipenderà da quanto sei disposto ad "accompagnarlo", a "mettere la tua faccia" per farlo crescere, a fargli da garante.

"Accompagnarlo" vuol dire esporti, in prima persona, tanto nel mondo *offline* (attraverso dibattiti, conferenze, etc.) quanto ovviamente nel mondo digitale.

Questo è un processo che ho vissuto personalmente e che sperimento ogni giorno con i miei clienti.

Prima che decidessi di creare la mia agenzia, appena uscito dalla mia esperienza come dipendente aziendale, mi presentai al mercato solo ed esclusivamente con il mio nome e cognome; il mio sito *web* aveva il mio nome e cognome e utilizzavo esclusivamente i miei *account social* personali.

Tutto quello che facevo, lo facevo sotto la "bandiera" del mio *brand* personale perché semplicemente, in quel momento, quasi il 100% dei servizi che offrivo erano servizi che curavo esclusivamente io.

Con il passare degli anni, ho aggiunto nuovi servizi alla mia offerta e, di conseguenza, hanno cominciato a lavorare con me altri professionisti. Questo mi ha portato a prendere una decisione che presto o tardi avrei comunque assunto: iniziare a separare il mio *brand* personale da quello della mia agenzia.

Che cosa sperimentai e che cosa sperimento ogni giorno con i miei clienti?

Che quello che ho fatto, quasi per casualità, fu in realtà il modo più veloce per raggiungere il mio obiettivo.

Cerco di spiegarlo meglio attraverso un esempio.

Quando siamo abituati a fare i nostri acquisti sempre presso lo stesso negozio del quartiere, lo stesso da una vita, non ci interessa se spendiamo qualcosa in più rispetto a quanto faremmo in un centro commerciale. Lo facciamo perché mossi da ragioni che evidentemente vanno al di là del semplice aspetto economico. Probabilmente, ci piace come veniamo trattati, conosciamo il proprietario del negozio da tutta la vita... si trova proprio sotto casa. In altre parole, quel negozio del quartiere ha conquistato la nostra fiducia. Ed è propria la fiducia la parola chiave di qualsiasi presenza *online* di successo.

Dobbiamo essere consapevoli del fatto che le persone, visitando il nostro sito *web* o i nostri profili *social*, anche se non lo fanno coscientemente, costruiscono un giudizio su di noi o sulla nostra azienda in base a quello che vedono. Immagineranno quali sono i nostri valori, il nostro modo di vedere la vita e si costruiranno un'idea più o meno veritiera sulla qualità che accompagna la nostra offerta di prodotti o servizi, così come su un'infinità di altri aspetti, impercettibili ma importanti.

Quello che succede è che l'impronta digitale che lasciamo nel mondo *online* "lavora" e "parla" di noi anche mentre stiamo dormendo.

Qualche tempo fa, sono stato socio di un piccolo negozio di quartiere. Non avevo la possibilità di dedicarmi operativamente a quest'attività perché lavoravo ancora come dipendente, però mi occupavo di selezionare i fornitori e definire le condizioni di vendita.

Un sabato mattina, venne in negozio un commerciante a proporre i suoi prodotti. A dire il vero, la qualità di questi prodotti mi sembrava interessante: il rappresentante mi mostrò il *design* degli oggetti che desiderava propormi e mi sembrò davvero originale. Pensai che con molta probabilità quei prodotti avrebbero intercettato l'interesse dei nostri clienti. Prima che il commerciante andasse via, gli chiesi un biglietto da visita per poterlo contattare facilmente quando avrei voluto fare un ordine, prospettiva che in quel momento credevo molto probabile. Cercai il suo nome su *Google*: trovai di tutto e di più. Senza entrare nei dettagli, che adesso hanno poca importanza, il risultato fu che, per colpa di quello che vidi, decisi di non comprare da lui. Dopo la mia "ricerca" sul *web*, quel commerciante non ispirava più in me la stessa fiducia che mi aveva trasmesso durante la nostra chiacchierata in negozio e, ovviamente, lo stesso succedeva per la sua azienda.

Fino a quando le persone non ci conoscono, siamo per loro quello che trasmettiamo attraverso il *web*, nel bene e nel male; per questo, quello che si trova sulla rete deve rispecchiarci in maniera coerente, altrimenti potremmo pregiudicare in modo determinante l'evoluzione del nostro *business*.

Invito sempre i miei clienti ad avere cura anche dei più piccoli dettagli delle fotografie che pubblicano sui *social*. Un'immagine sfocata, con poca luce o mossa trasmette agli altri, in un modo più o meno inconscio, l'idea che il nostro modo di esprimerci sia poco curato e che questa stessa mancanza di cura probabilmente si rifletta anche nel nostro modo di lavorare. È molto probabile che non sia così, ma questo è il messaggio che trasmettiamo.

Bisogna usare la stessa cura nella revisione dei testi, dei video e di qualsiasi tipo di materiale che pubblichiamo sui *social*.

Che la totalità degli internauti non sia sensibile a queste sfumature è anche vero, però ci sarà una percentuale che deciderà di non chiamarci perché semplicemente non siamo riusciti a trasmettere abbastanza fiducia. Così, il potenziale cliente avrà associato la qualità di una fotografia con la qualità del servizio o prodotto che offriamo.

Sulle reti sociali non possiamo essere presenti a metà.

O ci siamo e lo facciamo nel miglior modo possibile o **è meglio non esserci. O**vviamente, quest'ultima opzione non può essere presa in considerazione da un imprenditore del XXI secolo.

Anche il nostro sito *web* deve seguire questa linea.

Ricordiamoci che il nostro sito, o quello della nostra attività, ha come unico obiettivo il fatto che le persone potenzialmente interessate ai nostri servizi o ai nostri prodotti si mettano in contatto con noi. Cerchiamo di fare tutto il possibile, ancora una volta, per generare fiducia.

Spesso mi chiedono: "Ma davvero i *social network* servono a vendere?".

Preferisco rispondere con le parole di un professore che ho avuto la fortuna di incontrare, un professionista di questo mondo per il quale nutro una particolare stima, Victor Puig:

I social network non servono per vendere, ma se non dovessero farlo, fate attenzione.

Dobbiamo essere presenti sui *social* perché è là che si trovano i nostri clienti, perché rappresentano uno strumento enorme per ascoltare il mercato, perché è in questo "luogo" che si trova la vetrina della nostra competenza, perché attraverso un uso sano, discreto ma anche forte e costante di questo strumento possiamo trasmettere quella fiducia di cui il nostro cliente ha bisogno per contattarci.

Sono davvero tante le persone che mi hanno cercato attraverso i miei profili personali *social* e questo valore rispecchia in pieno tutto lo sforzo che impiego quotidianamente per dedicarmi a loro.

Se dovessi elencarti la frequenza di tutte le vendite che ho concluso grazie ai *social network* o al mio *blog* perché il mio potenziale cliente ha cercato informazioni su di me attraverso *Google*, dopo una riunione, potrei farlo senza pensarci neanche un secondo: praticamente sempre.

Alcuni anni fa, stavo tenendo una conferenza presso la *Camera di Commercio di Spagna*, a Miami, e durante il mio discorso un'imprenditrice che mi stava ascoltando alzò la mano e chiese: "Se dobbiamo essere presenti ogni giorno su *Twitter, Facebook, Linkedin, Instagram* e simili... quando lavoriamo?".

Questo è un errore molto comune: pensare che i *social network* siano uno strumento di distrazione, qualcosa che dobbiamo seguire, ma che non serve a molto e non accorgerci che invece sono un chiaro strumento di *business*.

Gestire i *social* **è un lavoro molto serio e delicato, anche se in molti preferiscono, a torto, delegare questo compito ai loro nipoti disoccupati.**

Un giorno, si presentò nel mio ufficio il proprietario di un negozio di mobili vintage a Barcellona. Venne perché era consapevole del fatto che doveva far qualcosa per risollevare le sue vendite, in fase di stallo già da qualche mese, in concomitanza con il fatto che "un paio di ragazzi senza molta esperienza" avevano aperto un negozio simile al suo e avevano successo nel quartiere e anche oltre i suoi confini. Il fatto era che quei "ragazzi senza molta esperienza" stavano gestendo la loro strategia di *marketing* e comunicazione *online* in un modo eccellente.

La loro capacità di interagire attraverso i *social* era squisitamente umana: c'era empatia con i navigatori di *Internet*, un buon ritmo comunicativo e il desiderio di appartenere a una comunità ("la comunità degli amanti della decorazione vintage") che si era diffusa molto oltre il quartiere: la loro portata era nazionale e superava addirittura le frontiere. Grazie alla loro strategia di comunicazione, erano stati capaci di raggiungere in qualche mese i risultati che il negozio del quartiere aveva conseguito dopo molti anni, in uno spazio ridotto come può essere quello del quartiere Eixample di Barcellona.

Il mio suggerimento, in questo caso, è molto chiaro: indipendentemente dal fatto che tu abbia effettuato il "grande salto" e abbia detto "basta", comincia comunque a entrare in questo mondo il prima possibile.

Fallo con rigore e dedizione: quest'attività deve entrare a far parte del tuo quotidiano.

REGOLA N. 10: "FAI LA DIFFERENZA RISPETTO ALLA CONCORRENZA"

I commercianti cinesi dicono che, se in una strada ci sono molti negozi di scarpe, allora quello è il posto migliore per aprire il tuo.

La nostra mentalità, comunemente, tende a farci pensare in maniera del tutto opposta: l'ideale è essere "l'unico".

Attraverso la regola 10, possiamo prendere in considerazione una sintesi di entrambe queste concezioni di mercato.

In realtà, difficilmente saremo "unici" e tuttavia questo è esattamente ciò che siamo: "unici".

Non importa che ci sia la concorrenza. Addirittura, è positivo e necessario averla. Genera mercato.

Allo stesso tempo, se la nostra aspirazione è quella di posizionarci in questo mercato, dobbiamo essere capaci di identificare che cosa ci rende differenti dai nostri concorrenti, quali sono i punti e gli aspetti che esprimono precisamente il nostro essere "unici".

Dobbiamo nuovamente parlare con sincerità a noi stessi, perché la nostra "unicità" ha a che vedere con la nostra essenza, con il nostro cuore. Se la nostra essenza e il nostro cuore sono presenti nel nostro progetto, allora saremo inevitabilmente "unici" e saremo in grado di mostrare che cosa ci differenzia dalla nostra necessaria e salutare concorrenza.

Devi avere molto chiara la risposta ad alcune domande: qual è la ragione che spinge un cliente a comprare un tuo prodotto o servizio? Che cosa ti distingue rispetto alla concorrenza? Vuoi concorrere con loro in prezzo, qualità, modalità di servizio? Qual è la tua strategia?

Diamo per scontato che tu sia il migliore e il più preparato... come la tua concorrenza. Quindi, non serve darti questo tipo di risposte. Ti invito ad approfondire questa questione. Nel momento in cui risponderai con chiarezza e sarai onesto con te stesso, allora tu e il tuo progetto ne uscirete fortificati.

Io, per esempio, quando ho iniziato la mia attività in proprio, ho deciso di lanciare il mio servizio optando per una strategia che mi ha dato un buon risultato e mi ha permesso di far salire in un modo abbastanza rapido la mia fatturazione: "soddisfatti o rimborsati".

Per me, è fondamentale avere clienti soddisfatti e quindi era una questione imprescindibile il fatto che il servizio che avrei prestato ai miei primi clienti li soddisfacesse. Per questo, scommettevo a mio favore: mi facevo pagare unicamente dai clienti soddisfatti del cammino che avevamo percorso insieme.

Questa strategia può generare la sensazione che, quando un cliente presumibilmente insoddisfatto ti chiede indietro il denaro, ti troverai in una situazione di perdita perché avrai già svolto il servizio e, soddisfatto o no, il cliente ne uscirà in qualche modo vincente, con quello che gli hai lasciato. Ti suggerisco di liberarti di quest'idea e di applicare interamente questa strategia, se scegli di metterla in pratica. Io la pratico ormai da più di tre anni e posso dirti che nessun cliente mi ha mai chiesto di restituire i soldi che mi spettavano.

Anche se nessun cliente mi ha chiesto indietro il suo denaro, devo dirti che in due occasioni l'ho restituito per mia scelta. In entrambi i casi, i progetti stavano evolvendo in un modo che non mi rendeva felice. Non mi sentivo a mio agio con il modo in cui si stavano sviluppando gli eventi e, se mi ero ripromesso qualcosa, quando avevo deciso di avviare la mia attività, era che non avrei mai più fatto qualcosa che non mi piacesse. Quindi, in queste due occasioni, la cosa più onesta (e la più salutare) che potessi fare per me stesso fu rinunciare a questi clienti e restituire loro il denaro, prima di andare avanti nel lavoro.

Ti spaventa correre il rischio di dover restituire il denaro? Perché? Non sei sufficientemente sicuro della qualità del servizio che offri? Oppure non ti fidi dei tuoi clienti? Se è così, forse allora stai partendo da due premesse che devi scartare: la sfiducia in te stesso e negli altri. Verifica se hai delle ragioni per essere diffidente. Se non ne trovi neanche una, questo significa che hai fiducia in te stesso, nel tuo prodotto o servizio e, perché no, nella buona fede della gente... o tu non sei in buona fede?

Ti suggerisco anche di delineare e offrire il tuo prodotto così come piacerebbe a te trovarlo e comprarlo. Questo ti aiuterà ad avere un approccio onesto, allineato con ciò che sei veramente... è qualcosa che, ti assicuro, i possibili clienti percepiscono istintivamente.

Sicuramente, la strategia "soddisfatti o rimborsati" ha i suoi rischi. Se ti capita di incontrare un cliente insoddisfatto, che chiede indietro il suo denaro, così come strategicamente gli avevi promesso, effettivamente c'è il pericolo di veder venir meno il tuo equilibrio economico.

In questo caso, ti suggerisco di tentare di stimare la percentuale di devoluzione, anche se non hai ancora uno storico delle vendite. Per esempio, su 100 clienti, quanti credi che potrebbero chiedere indietro il denaro? Il 2%? Il 5%? Di conseguenza, al prezzo che hai fissato per le tue tariffe, aggiungi un 2% o un 5%. Riserverai questo incremento al momento in cui potresti avere la necessità di restituire il denaro.

Per un altro verso, tieni presente un aspetto molto positivo che questa strategia genera: non ci sarà mai nessuno nel mercato che possa parlare male di te, perché hai restituito il denaro a chi non era soddisfatto. In qualunque situazione, il cliente dirà sempre che, anche se non gli è piaciuto il risultato, tu gli hai restituito il denaro, così come gli avevi garantito. Sei un professionista di parola e questo ti fa onore: un *surplus* niente male per il prestigio del tuo *brand*.

Dicevo all'inizio che la strategia "soddisfatti o rimborsati" ha un punto di partenza essenziale: la fiducia in te stesso e nel tuo prodotto o servizio. Inoltre, se applichi questa strategia, sarai stimolato a lavorare in modo eccellente, nell'unico modo utile a non venire meno a questa fiducia iniziale.

Aggiungo anche che, per differenziarti dalla concorrenza, potrai mettere in pratica azioni che facciano sentire speciali i tuoi clienti: per esempio, una chiamata fatta dopo un po' di tempo per sapere come vanno le cose.

Tutto questo contribuisce a renderti unico e a differenziare il tuo servizio o prodotto dalla concorrenza, permettendoti di non passare mai inosservato. Ricordi? È la regola numero 1!

Vediamo adesso le dieci regole d'oro...

LE 10 REGOLE D'ORO

Tutto quello che abbiamo visto sino a ora ha molto a che vedere con il quotidiano, con alcuni aspetti pratici che possono aiutare un imprenditore a sviluppare il suo progetto e anche (almeno questa è la mia intenzione), in un senso più ampio, a riflettere su ciò che significa "vivere essendo un imprenditore".

A questo punto, seguendo il percorso secondo cui ho sviluppato questo libro (che poi, bene o male, è lo stesso su cui ho fondato la mia vita), credo che sia il momento di parlare di un altro tipo di regole.

Anche questi sono principi che hanno a che vedere con il quotidiano, ma sono legati al modo in cui pensiamo e sentiamo, ad alcuni aspetti più intimi della nostra persona.

Naturalmente, il modo in cui pensiamo e sentiamo ci accompagna per tutto il tempo: per questo è importante avere cura dei nostri pensieri e del nostro modo di sentire. Pensieri e sentimenti sono la base sulla quale fondiamo la nostra condotta, il supporto a partire dal quale agiamo, giorno dopo giorno.

È giusto dire che, in alcuni momenti della mia vita, cercando il modo di continuare a formarmi o semplicemente risolvendo i conflitti che mi si presentavano, ho appreso alcune lezioni. In questo processo di apprendimento sono intervenute persone che mi sento molto fortunato ad aver conosciuto. Alla fine, probabilmente, tutto si riduce al saper stare con noi stessi e con gli altri. In questo consiste essere umani. Vero?

A questo punto, mi viene in mente una situazione che ho vissuto mentre lavoravo in un magazzino di Milano, in un 2002 che mi appare sempre più lontano.

Era un magazzino che non era strutturalmente in grado di gestire tutto il volume di prodotti che doveva immagazzinare. Uno sciopero dei trasportatori si sommò a questa mancanza, così che la situazione, giorno dopo giorno, peggiorò. Improvvisamente, tutto si fermò. Collasso totale.

Un magazzino funziona se il volume dei prodotti che entrano è uguale al volume di prodotti che escono, ma, se i prodotti continuano a entrare senza uscire, allora iniziano i problemi.

Me ne ricorderò per tutta la vita: passai tre giorni lavorando ventiquattro ore al giorno. Il mio collega Dario e io ci davamo il cambio per poter riposare almeno un poco.

All'età di ventisette anni, nel mezzo di quella crisi, passai in rassegna tutte le possibilità che avevo: "Mollo tutto e me ne vado", "Come farò a sopportare questa situazione ancora a lungo?"... insieme ad altre, tutte più o meno dello stesso tipo.

Il terzo giorno, la situazione peggiorò ancora. Uno degli operai del magazzino ebbe un piccolo incidente... niente di grave, fortunatamente, ma ciò lo obbligò a rimanere a casa. Questo accese ancor di più la tensione accumulata e alla fine la fece esplodere.

Non ne potevo più. Ero molto stanco. Terribilmente stanco. Non capivo come nessun Dirigente, dall'ufficio centrale, potesse essere cosciente di quello che stavamo vivendo.

Salii le scale che separavano il magazzino dall'ufficio del mio capo tre gradini alla volta. Volevo dirgli: "Adesso basta!".

Entrai nell'ufficio e vidi la sua faccia. La sua espressione rivelava lo stesso esaurimento che stavo sperimentando io. Indossava una tuta sportiva perché anche lui, pur essendo il Direttore, stava aiutando nelle operazioni più pesanti del magazzino. Mi lasciò parlare.

Quando ebbi terminato, disse:

"Erick, prendi questa esperienza come una grande lezione. Anche a me piacerebbe che arrivasse in questo momento una soluzione e che ci inviassero dalla centrale le risorse di cui abbiamo bisogno per affrontare questa pazzia, ma le cose non stanno andando in questo modo.

Non perdiamo la testa. Il problema che stai vivendo, per quanto difficile sia, non è tuo: è dell'azienda. L'azienda ti paga affinché tu tenti di trovare una soluzione".

Il mio capo si chiamava Felice. Era una grande persona, che in quel momento mi stava dando un grande insegnamento e che mi regalava gli strumenti con i quali rivedere l'esperienza che ci toccava vivere.

Non possiamo essere dei buoni professionisti se non siamo anche buone persone. Se non siamo in ordine con noi stessi, sereni e tranquilli, in equilibrio, non saremo capaci, davanti a qualsiasi difficoltà che la vita ci pone davanti, di prendere la giusta distanza per capire che la soluzione si trova proprio accanto alla difficoltà stessa.

Ho voluto raccontare questa storia perché fu cruciale nel mio percorso di lavoratore dipendente e soprattutto perché fu la prima volta che presi coscienza di quanto sia importante il modo in cui vediamo la vita e in cui la viviamo. Anche nel lavoro.

È proprio di questo che parleremo nei prossimi dieci punti: del fatto che la vita è molto più semplice del modo in cui abbiamo imparato a viverla.

REGOLA 1: "SPOSTATI SU UN PIANO PIÙ ALTO"

Lungo il tuo cammino come imprenditore, dovrai quotidianamente prendere un grande numero di decisioni e, come ti dicevo qualche pagina fa, dovrai imparare a prenderle in modo rapido e deciso.

Ogni decisione che assumiamo nel nostro quotidiano ha un obiettivo. A volte l'obiettivo è chiaro, altre non tanto.

Gli obiettivi sono come le *matrioske* russe. Se le guardiamo da fuori, lanciando loro una rapida occhiata, vediamo solo una *matrioska*... ma in realtà, ne stiamo guardando molte di più, perché dentro quella che vediamo se ne nascondono altre. Se sostituiamo alla parola "*matrioska*" la parola "obiettivo", la metafora assume magicamente senso, vero?

Così, tenendo presente questa metafora ogni volta che annotiamo un obiettivo che vogliamo raggiungere, dobbiamo sapere che ci sono altri obiettivi che costituiscono una parte dello stesso. Se agiamo in questo modo, nel caso in cui dovessimo sperimentare delle difficoltà nel raggiungere l'obiettivo principale, forse potremmo dirigere i nostri sforzi verso alcuni degli obiettivi che lo compongono e così, presto o tardi, riuscire a veder realizzato l'obiettivo per intero.

Per esempio, un giorno, riceviamo una *email* da un possibile cliente che si trova, non saprei... diciamo a Valencia. Dopo avere visitato il tuo sito *Internet*, questo cliente vuole avere più informazioni riguardo ai servizi che offriamo o ai prodotti che vendiamo. Forse, leggendo l'*email*, ti sentirai molto felice. Finalmente, potrai farti conoscere in un'altra città e, agitato dall'aspettativa di poter chiudere un contratto così promettente, non riesci neanche a dormire.

Prepari le informazioni che il potenziale cliente ti ha chiesto. Elabori un preventivo. Invii tutto. Il tuo interlocutore ti rivolge altre domande, espone dubbi e ancora dubbi. Non sai più come spiegargli che sei la migliore opzione che possa incontrare sul mercato... che cosa sta succedendo?

La cosa più importante che sta succedendo è che stai dirigendo tutte le tue energie verso un obiettivo tanto immediato quanto semplice: chiudere un accordo commerciale con un potenziale cliente di Valencia.

Quando accade questo (o qualcosa di simile), senza cercare di fare ancora un passo avanti nella negoziazione, chiediti immediatamente: "È questo l'obiettivo finale che voglio ottenere e per il quale sto lottando?".

Quanti obiettivi, diciamo di secondo livello, si nascondono dentro quest'obiettivo che abbiamo davanti ai nostri occhi?

Sono sicuro che per te è assolutamente indifferente che il potenziale cliente di Valencia diventi tuo cliente o meno. Stai lottando affinché lo diventi perché, nella tua testa, ti sei fatto l'idea che sarà LUI quello che ti aprirà la porta di un nuovo mercato. E se così non fosse? Certo, è ragionevole pensare che potrebbe aprirti questa porta, ma è altrettanto ragionevole pensare che non lo farà. Tuttavia, noi ci aggrappiamo alla prima idea, alla convinzione che invece la aprirà... ed entriamo in un ciclo estenuante e spesso improduttivo.

Si tratta di trovare gli strumenti per uscire da questo ciclo.

Ci domanderemo quindi, tornando all'esempio che stiamo utilizzando: "Perché voglio chiudere l'accordo commerciale con il cliente di Valencia?".

La risposta sarà: "Perché questo cliente aprirà le porte al mio *business* nel mercato di una nuova città".

Bene!

A questo punto, credo che abbiamo capito che quello che tu vuoi è aprire il tuo *business* al mercato di Valencia. Questo è quello che realmente vuoi. Questo è l'obiettivo che si trova dietro quella che potremmo chiamare quasi "un'ossessione" per il clienti di Valencia.

Quindi, trattieniti e inizia a pensare a quello che potresti mettere in atto per arrivare al mercato valenciano, ai passi che potresti fare senza la necessità che esista davvero il cliente valenciano che ti oppone tanta resistenza. Sono sicuro che la tua risposta sarà molto semplice, una risposta che è stata sempre là, ma che non riuscivi a vedere perché guardavi solo la "*matrioska*" che avevi davanti agli occhi e non quelle che c'erano al suo interno.

Ho sperimentato in prima persona quello che ti ho appena raccontato e l'ho visto accadere anche a molti imprenditori con i quali lavoro e collaboro. Anche loro, esattamente come me e come te, si sono ritrovati in situazioni come quella del nostro ipotetico cliente di Valencia... e, attenzione, un imprenditore non può permettersi il lusso di rimanere incastrato.

Quando ci rendiamo conto che, in effetti, ci siamo incagliati, che siamo impegnati a lottare per raggiungere un obiettivo che ci oppone resistenza, allora automaticamente dobbiamo prendere coscienza che esiste sicuramente un altro modo di conseguire lo stesso risultato... e che è un modo molto più semplice, che possiamo seguire utilizzando metà dello sforzo e dell'energia.

Come perseguire lo stesso obiettivo utilizzando un'altra strategia?

Domandandoci: Per quale motivo?

"Voglio concludere con questo cliente di Valencia".

Per quale motivo?

" Per farmi strada nel mercato di Valencia".

Per quale motivo?

"Per ampliare la mia fatturazione in Spagna".

Per quale motivo?

"Affinché la mia azienda si sviluppi e cresca forte".

Per quale motivo?

"Per raggiungere il mio obiettivo nella vita".

Per quale motivo?

"Per essere felice".

Questo cambio di prospettiva, questo modo di rimettere a fuoco la situazione è ciò che mi aiutò a vedere veramente il mio capo Felice in quel magazzino di pazzi, in un lontano 2002, ed è ciò che successivamente ho potuto sperimentare e imparare a mettere in pratica.

Se ti trovi impantanato in una situazione... liberatene!

Chiediti per quale motivo stai facendo ciò che fai e ti sposterai su "un piano più alto". Prenderai distanza dal problema concreto che stai vivendo in quel momento e attraverso i vari "Per quale motivo?" ai quali darai risposta, arriverà repentinamente una soluzione efficace.

Si tratta di continuare a praticare questo *modus operandi*. Nel tuo progetto, nel tuo *business*, in tutti gli aspetti e in ogni area della tua vita... persino per decidere dove andare in vacanza.

Vuoi andare a Miami, però ci sono solo difficoltà. Il volo è caro, gli hotel pieni.

Allora chiediti: "Perché voglio andare a Miami?".

Forse, di risposta in risposta, alla fine, tutto si ridurrà semplicemente a questo: "Per vivere le vacanze della mia vita". Allora, scoprirai che il volo è accessibile, l'hotel disponibile... sei a... Ibiza. Ed è là che si trovano le vacanze della tua vita.

Si tratta di scoprire man mano, una dopo l'altra, tutte le *matrioske* che ci sono dietro l'obiettivo che hai davanti agli occhi. Alla fine, arriverai alla *matrioska* più piccola, l'unica fatta in legno massello, il cuore della più grande.

REGOLA 2: "VA BENE ESSERE EGOISTI"

Molti di noi sono stati educati con la concezione che "essere egoisti non va bene". Io invece dico che bisogna prendere in considerazione la questione e soprattutto vedere il lato "positivo" dell'egoismo, un argomento sul quale circolano diverse interpretazioni.

La prima cui ho fatto riferimento parla di un "egoismo morale", una di quelle azioni che portiamo avanti a favore del nostro beneficio personale, senza prendere in considerazione nient'altro e anche correndo il rischio di pregiudicare gli altri.

Quello di cui ti parlo invece è un altro tipo di "egoismo", un egoismo che difficilmente abbiamo avuto modo di apprendere. Parlo di un "egoismo biologico". Non è mia intenzione far prendere al discorso un tono troppo complesso o accademico, ma esiste un'ampia bibliografia che si pone queste questioni.

Semplificando questo complesso universo di interpretazioni, quello cui penso si allinea a un principio, a mio parere, tanto basilare quanto facile da esporre: se uno non sta bene con se stesso, non può dare niente agli altri.

Ci sono momenti in cui occuparsi anzitutto di se stessi diventa, se non raccomandabile, addirittura necessario. Bisogna farlo senza sentirsi colpevoli, perché l'egoismo non è un male!

Se mi occupo di me stesso, se mi metto in forma e mi pongo nelle migliori condizioni, allora sarò in grado non solo di aiutarmi, ma anche di aiutare gli altri: potrò dare senza spegnermi, senza bruciare le mie possibilità, senza minare la mia forza e le mie risorse. Se avrò modo di aiutare gli altri partendo dalle mie migliori condizioni, allora mi alimenterò di un'energia rinnovata.

Se due sommozzatori devono sopravvivere con l'ossigeno di una sola bombola, non è possibile che uno dei due faccia aspirare aria continuamente all'altro, perché allora perderà le forze , finirà con l'affogare e probabilmente si trasformerà anche in un pericoloso carico per quello che sopravvive.

Ossigeniamoci bene, quindi, diamo alle nostre cellule e ai polmoni la forza necessaria; a quel punto, potremo occuparci di noi stessi e anche di chi necessita del nostro aiuto... e, quando saliremo in superficie, festeggeremo insieme.

Quando un aereo decolla, che cosa ci spiegano le hostess? Che cosa bisogna fare nel disgraziato caso in cui dovessero cadere le maschere di ossigeno? Per prima cosa, dobbiamo metterle a noi, ciascuno la sua, per poter poi aiutare gli altri.

Spesso mi contattano *Ong* e associazioni i cui fini sociali sono molto vicini ai miei e mi chiedono di aiutarli a definire la loro strategia di comunicazione o sviluppare il loro sito *web*.

Quando mi succede, devo fare sempre uno sforzo per non cedere a quella che per me è una naturale propensione ad aiutare tutti. In questi casi, poi, è ancora più difficile, perché c'è uno scopo sociale che per me è importante. Allora, devo ricordarmi che si parla del mio lavoro e che il giorno in cui vincerò alla lotteria, allora potrò continuare a farlo completamente *gratis*, per le cause che risvegliano la mia preoccupazione o interesse. Nel frattempo, però, non posso sentirmi in colpa perché dò un valore in denaro a quello che faccio, anche se è per una *Ong*.

Devo rafforzare la mia azienda, perché dalla sua capitalizzazione dipende la mia sopravvivenza e soprattutto il mio futuro e non posso né devo mettere in pericolo il mio futuro per nessuno motivo. Certo, diverso sarebbe se decidessi magari in questo caso di applicare una tariffa differente. Con il tempo, consolidata la mia posizione e con un ampio capitale a sostenermi, allora potrò sicuramente dedicare tutte le risorse alla mia portata nei progetti sociali che desidero sostenere.

A volte, è solo una questione di tempo. Se anticipo il momento in cui concedo un certo tempo, allora rischio di non poterlo più dare in futuro.

Altre volte, la questione è più sottile e può sembrare difficile da gestire. Si tratta di quei casi in cui ti rendi conto che dietro la richiesta di un cliente c'è un abuso del tuo tempo e in generale del tuo servizio. Succede molto più frequentemente di quello che possiamo pensare. Non preoccuparti: quando ti accorgi di essere in questa situazione, alza la mano e prendi l'iniziativa di tornare a organizzare la relazione fornitore-cliente, recuperando l'equilibrio. È molto sano per tutte le parti in gioco: per il tuo progetto, naturalmente, e quindi anche per il progetto del tuo cliente.

Concludiamo: quando stai lavorando per far crescere il tuo *business*, cerca di concentrare tutte le tue energie su questo. Arriverà il momento in cui il tuo volume di lavoro (e di fatturazione) ti permetterà di impegnarti per aiutare gli altri. Se lo fai prima del tempo, è probabile che questo momento non arrivi mai e, alla fine, non aiutando te stesso, non sarai mai capace di aiutare gli altri. Ricorda: è solo una questione di tempo.

REGOLA 3: "ROMPI I LEGAMI!"

Questa regola può sembrare tanto facile da capire quanto da mettere in pratica: se siamo in relazione con persone o situazioni con le quali non riusciamo a entrare in sintonia, non si tratta di rimproverare queste o noi stessi... semplicemente, si tratta di rompere i legami che ci uniscono e di prendere ognuno la propria strada.

Se non riusciamo a entrare in sintonia, allora avremo una relazione che non ci porta niente e noi non possiamo portare niente a essa. È anche possibile che ci stiamo pregiudicando a vicenda. E quando questo succede, non è difficile rendersene conto.

Se è questo ciò che stiamo vivendo, allora non ha senso continuare a mantenere questi legami. Certamente, non conviene a noi e ricordiamoci che l'egoismo non è un male... soprattutto in questi casi, è bene ricordarlo. Inoltre, quando una delle due parti si rende conto che la relazione è infruttuosa o addirittura dannosa, prima o poi se ne renderà conto anche l'altra.

In definitiva, bisogna avere la capacità di dire addio a persone e situazioni e saperlo fare senza alimentare rancori e augurando loro il meglio. Noi ne saremo grati e sicuramente anche gli altri.

Ognuno di noi, quando si sveglia la mattina, è come se avesse a disposizione un barattolo pieno di un liquido chiamato energia. Questo "liquido intangibile" non è infinito e si rigenera solo grazie al riposo, quindi dobbiamo imparare a sfruttarlo nel miglior modo possibile, perché deve durare per tutto il giorno.

Spendiamo o investiamo questa energia in diverse situazioni: discussioni, code, *stress*, momenti difficili da gestire, relazioni conflittuali, mangiando, passeggiando, lavorando, facendo un discorso tra amici, prendendoci cura dei nostri figli, del nostro *partner*. Strano a dirsi: non sono soltanto le esperienze negative a privarci della nostra energia vitale, ma anche quelle positive. È un fatto. Non bisogna disperarsi per questo, però bisogna tenerlo a mente: nello stesso modo in cui siamo coscienti che il denaro è una risorsa limitata di cui bisogna approfittare e aver cura, così dobbiamo essere coscienti che anche la nostra energia vitale è limitata, si esaurisce e bisogna saperne approfittare, facendo molta attenzione a dove e come la investiamo.

Ti invito a cercare di capire se c'è qualcosa nella tua vita, professionale o personale, che ti sta facendo disperdere parte di queste risorse in esperienze che non sono allineate con il tuo obiettivo o se, per esempio, stai concedendo una priorità ingiustificata ad attività che non dovrebbero essere così importanti.

Mi riferisco in particolare a progetti, professionali o personali, che stai portando avanti con persone con le quali magari non condividi gli stessi valori. Sono progetti che ti stanno assorbendo più del dovuto: quelle persone sembrano remare in direzione contraria alla tua e le loro azioni contribuiscono solo a far sì che i tuoi problemi tardino a trovare una soluzione.

Bisogna fare quest'analisi a trecentosessanta gradi.

Prenditi il tuo tempo. È probabile che tu stia spendendo la tua energia in qualcosa di cui forse non sei effettivamente cosciente.

Non appena avrai identificato le esperienze (e le persone coinvolte) in cui stai perdendo più energia, agisci il prima possibile. Rompi questo legame. Fallo con tutto l'affetto e la gratitudine di cui sei capace, ma rompilo e rompilo il prima possibile e in modo definitivo.

Quando ho detto "basta", nelle circostanze che ti ho già raccontato, è accaduto perché mi sono reso conto che l'azienda per la quale lavoravo stava assorbendo le mie energie più di quanto potessi sostenere. E ho agito il prima possibile, perché sapevo che, se fossi rimasto intrappolato sotto il peso di quella pressione interna, probabilmente mi sarei ammalato. Ovviamente, non sto dando la colpa all'azienda: era una questione esclusivamente legata all'ambiente intorno a me.

Prova a immaginarti mentre ti consegno un bicchiere di vetro con un dito d'acqua al suo interno e immagina che allo stesso tempo ti chieda di tenerlo dritto davanti a te con il braccio teso per 5 secondi.

Non ti chiedo altro che reggerlo per 5 secondi.

Facile, vero? Questo vuol dire che la situazione scomoda che ti ho invitato a sperimentare non è sufficientemente sgradevole da procurarti malessere.

Immaginati adesso che ti chieda di continuare a sostenere questo bicchiere non per cinque secondi ma per un'ora. Sicuramente, la tua reazione non sarà la stessa e già posso immaginare come finirebbe questa volta il gioco.

L'impossibilità di riuscire a sostenere situazioni scomode nella vita professionale e personale non dipende solo dall'importanza che queste hanno in sé ma anche dalla durata dell'esperienza, dal tempo che dobbiamo sopportarle.

È importante rendersene conto e agire così il prima possibile, rompendo il legame con questo "gioco" prima che la nostra capacità di sopportazione ci abbandoni e il bicchiere si trovi al punto di cadere per terra e rompersi

Ti invito a vedere la vita professionale ma anche quella personale come una successione di fasi. Ci viene concesso di passare a quella successiva nel momento in cui dimostriamo di aver appreso quello che bisognava apprendere in quella precedente. In ogni fase, bisogna trovare il momento giusto e spiccare il volo verso quella successiva.

Siamo obbligati a farlo? Ovviamente no! Come ho ricordato più volte, l'obiettivo di questo libro è semplicemente quello di aiutarti a entrare in connessione con la tua felicità professionale. Se ciò che vivi e stai vivendo ti rende felice, continua così, però, se ti stai chiedendo se quello che vivi è la vera felicità oppure no, se la felicità ti sembra una chimera che non hai la forza (e apparentemente neanche la possibilità) di raggiungere, allora fermati a pensare.

Ci sono situazioni più difficili di altre, senza dubbio, soprattutto quando si parla di familiari o di soci in affari, ma anche in questo campo bisogna saper riconoscere le situazioni anomale e risolverle.

Alcuni anni fa, venne a farmi visita un amico che aveva seri problemi con la sua socia in negozio. Questo lo obbligava a dedicare ogni giorno un tempo estremamente importante (e una buona dose del fiasco d'energia di cui parlavamo prima) in una serie di discussioni sterili che aveva con lei. Investiva tempo ed energie in una relazione che era ormai più che finita e, cosa ancora più grave, che lo stava distraendo dal suo obiettivo più importante: avere cura del suo negozio affinché continuasse a crescere. La sua socia, d'altra parte, aveva già perso ogni entusiasmo per il suo lavoro, cosa che ovviamente influenzava tantissimo il lavoro stesso.

Quanto minore era l'entusiasmo della sua socia, tanto peggiore era la qualità del lavoro e, di conseguenza, la rabbia del mio amico aumentava: non sapeva più come agire.

L'attività cominciò a risentirne. I clienti si rendevano conto del conflitto interno che c'era tra i soci e qualcuno di loro ne faceva argomento di pettegolezzo.

Consigliai al mio amico di fare lui il primo passo: proporre alla sua socia di uscire dall'attività. Ero sicuro che anche lei sarebbe stata d'accordo. E così è stato. Oggi, lavorano entrambi con successo in due attività parallele.

Gli esseri umani si preoccupano sempre del cambiamento. Addirittura ne sono spaventati.

Anche rompere i legami con un socio, di vita o di lavoro, che sta ostacolando la crescita della tua attività o della tua vita sembra un cambiamento a volte difficile da compiere, però è necessario essere in grado di farlo.

Cerchiamo di non arrivare mai a trovarci davanti a un conflitto, non arriviamo mai al punto in cui il nostro braccio esausto lasci cadere il bicchiere di vetro, rompendolo in mille pezzi.

Riconosciamo che le cose così non possono andare avanti e... agiamo. Facciamolo in maniera serena ma decisa. In questi casi, non bisogna aspettare che il conflitto si risolva da solo.

REGOLA 4: "COLTIVA LA GRATITUDINE"

La gratitudine è una pratica molto preziosa.
Ringraziare ci aiuta a renderci conto di tutte le cose e di tutte le persone buone che ci sono state e che ci sono nella nostra vita.

Ringraziare ci aiuta anche a renderci conto di cose, persone, situazioni, fatti che erano passati inosservati e che hanno contributo a farci arrivare dove siamo.

Ringraziare, inoltre, serve a essere coscienti di tutta la perfezione che c'è stata nella nostra vita e che c'è tuttora, allontanandoci dalla tentazione di iniziare a lamentarci per quello che crediamo sia andato male, per quello che non ci piace.

La pratica della gratitudine ottimizza il nostro animo, la nostra energia, ci regala benessere e allegria e ci aiuta ad attirare esperienze nuove.

Non si tratta di ringraziare indiscriminatamente. A volte, capiterà anche che il nostro ringraziamento non arrivi in forma diretta. Ringraziare è un esercizio che si può praticare a partire da se stessi e verso se stessi. In più occasioni di quelle che crediamo, dobbiamo ringraziarci, perché è grazie a noi che siamo riusciti ad andare avanti.

Non sempre un ringraziamento arriva per qualcosa di positivo. Può capitare di ringraziare la nostra vita per averci permesso di affrontare una situazione difficile, dalla quale siamo riusciti a uscire degnamente e rafforzati emotivamente.

Occorre praticare la gratitudine a tutti i livelli e in tutte le circostanze.

Mi piace ringraziare, anche solo tra me e me, perché è un modo cosciente di vivere quello che mi succede. Dire grazie ha un potere enorme, che genera in chi lo riceve una reazione spropositata e inimmaginabile, che dura nel tempo, per molto tempo.

C'è qualcosa di più bello che sentire qualcuno che ci ringrazia per qualcosa che abbiamo fatto o abbiamo detto? No, vero? Ascoltare qualcuno che ci dice grazie stimola, in una frazione di secondo, una reazione di empatia e di gratitudine per la gratitudine. È come ritrovarsi improvvisamente in una di quelle stanze piene di specchi che in genere ci sono nei Luna Park: entri e sembra che non finiscano mai.

La gratitudine ha questo enorme potere. Ha la capacità di generare un flusso di buone vibrazioni e di energia positiva, che difficilmente possiamo immaginare sin dove può portarci... sicuramente, il posto in cui arriveremo sarà migliore rispetto a quello dal quale proveniamo.

Dire grazie, in primo luogo, significa che ci rendiamo conto del fatto che ci è successo qualcosa di speciale. È una pratica molto importante: un imprenditore deve guardare verso il suo obiettivo finale, ma deve poter godere anche dei piccoli e continui successi che riscuote.

Dire grazie è la dimostrazione che quel piccolo successo non è passato inosservato, che siamo consapevoli del fatto che ci indica che siamo sulla strada giusta.

Se abbiamo indirizzato i "grazie" che abbiamo pronunciato verso noi stessi, ci aiuteranno ad avere più forza per raccogliere le energie necessarie ad andare avanti. Se la nostra gratitudine è rivolta verso una persona che ci ha supportati, con questa semplice parola la aiuteremo a sentirsi incoraggiata nell'andare avanti nel suo cammino e, probabilmente, contribuiremo anche al fatto che continui ad aiutarci ancora per molto tempo.

Molte volte, nel mondo aziendale, mi rendo conto che questa parola tanto "dimenticata" può valere molto di più di tanti aumenti di stipendio...

Durante il periodo in cui ho lavorato come dipendente, ho vissuto anni di conflitto con un superiore di cui non ho mai condiviso lo stile direttivo. Nonostante quella situazione rappresentasse per me una fonte enorme di *stress*, con il tempo capii che il mio capo mi stava facendo un grande regalo: mi stava aiutando a mettere alla prova il mio livello di sopportazione e, soprattutto, mi stava insegnando un modello di direzione che ancora oggi continuo a pensare che non andrebbe seguito.

Per un altro verso, ho vissuto situazioni molto positive con clienti che alla fine si sono trasformati in amici, ai quali ho detto e continuo a dire grazie per aver avuto con me una relazione professionale critica ed esigente. Questo mi ha permesso di migliorare aspetti del mio lavoro dei quali hanno beneficiato i clienti che ho incontrato in seguito.

"Grazie" è apparentemente solo una formula di cortesia, alla quale molte volte non diamo l'importanza che merita. Quando, però, la si pronuncia in un modo cosciente è come se magicamente il nostro ambiente cambiasse. Dire grazie per qualcosa significa non dare nulla per scontato.

Le persone che lavorano con me lo sanno. Ho l'abitudine di ringraziare molto spesso per lavori eseguiti bene, per suggerimenti interessanti o semplicemente per aver risolto un rapporto di lavoro.

Un "grazie" serve per esprimere ai tuoi collaboratori che ti sei reso conto della loro energia, che conosci e riconosci lo sforzo che stanno facendo. Un "grazie" risolve un rapporto di lavoro e fa crescere la fiducia e l'attaccamento al tuo progetto.

REGOLA 5: "CONGRATULAZIONI!"

Vorrei che ti preparassi a quello che sto per raccontarti perché potrebbe sembrare la cosa più ovvia del mondo, ma per me è stata una grande scoperta.

La vita di un imprenditore non è facile.

All'inizio, non lo è perché si deve prestare attenzione agli aspetti economici e si sarà obbligati a realizzare acrobazie degne del *Cirque du Soleil.*

Man mano che il progetto andrà crescendo, la situazione continuerà a non essere facile per te, perché le complessità si faranno ogni giorno più grandi e la vita ti obbligherà a prendere decisioni a volte difficili, ma che determineranno in modo chiaro il ritmo e il futuro della tua attività.

Mi ricordo come se fosse ieri il giorno in cui ho detto addio al mondo delle multinazionali.

Uno dei miei collaboratori, che ricoprì poi eccellentemente il mio posto, mi disse:

"Sai, Erick, mi piace vederti felice per la decisione che hai preso. Io non sarei mai capace di prendere questa decisione, perché continua a piacermi molto lavorare in *team* e per questo ho bisogno di lavorare per un'azienda".

Nell'ascoltare quelle parole, mi si fermò il cuore.

Fino ad allora, non avevo preso in considerazione la possibilità di rimanere orfano di uno dei motivi che più mi piaceva nel lavoro da dipendente: lavorare in *team*.

Dopo quel discorso, mi sentii abbastanza demoralizzato.

Davvero un imprenditore non lavora in *team*?

Certo che no! Un imprenditore lavora in *team* tutti i giorni: con altri imprenditori, con i suoi clienti, con gli impiegati dei suoi clienti, etc.

Quello che succede è che lo fa con una sensazione di costante solitudine.

Esiste il sentimento di appartenere allo stesso progetto, ma non alla stessa azienda e, quando si avvicinano le difficoltà, allora ti rendi conto che sei solo davanti al pericolo (o quasi).

Che cosa bisogna fare, in questi momenti?

Bisogna vivere nella maniera più cosciente possibile il nostro quotidiano.

Ti ricordi quando ti dicevo di non passare mai inosservato?

Bene: qui invece ti invito a fare in modo che nessun risultato, per quanto piccolo sia, passi inosservato ai tuoi occhi. È fondamentale.

La cosa peggiore che può succederti è che chiudere un accordo commerciale importante, concludere una vendita insperata, ricevere le congratulazioni di un cliente soddisfatto inizi a diventare un evento per te normale, del quale non hai tempo di godere.

Se ti rendi conto che ti sta succedendo questo, fermati e vai a fare una passeggiata, perché ti stai perdendo una delle cose più belle del lavorare per te stesso: la coscienza che quello che stai ottenendo arriva grazie ai tuoi sforzi e alla tua costanza.

I ringraziamenti dei nostri clienti ci piacciono molto, lo so, ma c'è una persona i cui ringraziamenti, ti assicuro, non ti lasceranno mai indifferente: questa persona sei tu.

Il successo arriverà tanto più rapidamente quanto più sarai capace di ringraziare te stesso. Prenditi sempre il tempo necessario per ringraziarti, quotidianamente, per gli obiettivi raggiunti, per aver gestito in maniera eccellente quella riunione commerciale, per aver portato avanti in un modo così efficace quel *meeting* con il fornitore, per essere riuscito ad amministrare in maniera esemplare il flusso di cassa della tua azienda, per aver chiuso il mese con un incremento delle vendite.

Ci saranno milioni di occasioni per esserti riconoscente: non perdertene neanche una.

Ringraziare se stessi vuol dire prendere coscienza che stiamo facendo le cose per bene, che siamo sulla strada giusta, che tutti gli sforzi che abbiamo fatto stanno iniziando a dare i loro frutti.

Essere grati è un vero e proprio stile di vita, perché vuol dire desiderare di vivere mettendo noi stessi prima di ogni altra cosa e questo genera energia, buone vibrazioni e felicità, una felicità che sperimenteremo in prima persona e con la quale poi contageremo anche gli altri.

Se una persona è felice con se stessa, glielo si legge in faccia. È una persona solare, che trasmette fiducia e positività. È una persona che trasmette sicurezza e per questo sarà più facile affidarsi a lei per un prodotto o servizio... non dimenticarlo mai, perché i tuoi clienti decideranno di rivolgersi a te e non ad altri non soltanto per una questione di prezzo, o almeno non esclusivamente per questo.

Ci sono molti altri fattori che influiscono sul processo di acquisto, però, senza alcun dubbio, il buon *feeling* che trasmette il "venditore" è ciò che fa davvero la differenza.

REGOLA 6: "IL DENARO NON È UN MALE"

È abbastanza comune avere con il denaro una relazione particolare. Io stesso sono cresciuto con l'idea che chi possedeva molto denaro lo aveva perché probabilmente lo aveva rubato, in maniera facile e diretta. Senza condividere coscientemente questa credenza, era chiaro che, a furia di ascoltarla, ormai faceva parte di me.

Il denaro è necessario per vivere (e non solo per "sopravvivere"… presta attenzione a quali sono i motivi che ti spingono ad averne bisogno); semplicemente, non è un male.

Desiderare di avere denaro va benissimo perché è più che normale desiderare fare delle esperienze e alcune di queste richiedono l'impiego di denaro.

Se la nostra relazione con i soldi si fonda su una credenza negativa e li associamo a qualcosa di male, avremo sempre problemi col denaro. O ci mancherà (o crederemo che ci manchi) o non guadagneremo il giusto (almeno così ci sembrerà) o lo sprecheremo (o così crederemo).

Tenendo in considerazione che stiamo parlando di avviare un'attività imprenditoriale (e abbiamo già visto nei capitoli precedenti come relazionarci con il denaro), non dobbiamo dimenticare che il mezzo più comune, se non unico, di fissare un prezzo al nostro lavoro, al nostro prodotto, ai nostri servizi, è il denaro.

Dare un prezzo a quello che facciamo a volte non è facile, quando siamo noi a doverlo fare, anche se conosciamo il prezzo di mercato del nostro prodotto o servizio. Generalmente, ci costa seguire il nostro modo di "vedere" il denaro e di vedere noi stessi in relazione a esso.

Possiamo arrivare a pensare: "Me lo merito?".

Mi viene da chiederti: "Perché mai non dovresti meritarlo? Ovvio che te lo meriti! Ce lo meritiamo!".

Non dobbiamo vergognarci di desiderare il denaro, molto denaro. Quello su cui dobbiamo riflettere è in che cosa vogliamo impegnare questo denaro.

Se il successo arriva con facilità man mano che abbiamo chiaro il motivo per cui lo desideriamo, con i soldi succede la stessa cosa.

C'è un esercizio interessante che propongo ai miei clienti quando mi rendo conto che non riescono a far crescere il loro *business* per colpa di un blocco che hanno con il denaro. Feci io stesso questo esercizio, ai tempi, e nel mio caso questa esperienza segnò un "prima" e un "dopo", quindi sono contento di poterti spiegare in che cosa consiste.

Immagina che in questo momento ti consegni 5 milioni di euro in contanti, pronti da spendere.

Sapresti dirmi come spenderesti questi 5 milioni di euro?

Probabilmente, per riuscire a rispondermi, avrai bisogno di un po' di tempo per riflettere, perché dovrai capire come distribuire questa somma di denaro tra tutti gli obiettivi che vuoi raggiungere.

Niente è giusto e niente è sbagliato, in questo gioco. Tutto, però, può essere più meno vicino a quello che realmente desideri.

Che cosa voglio dire?

Mi riferisco al fatto che, a volte, è complicato capire quali sono le nostre vere necessità, perché la vita ci ha obbligato a confrontarci con situazioni che probabilmente hanno distorto le nostre priorità.

Immagina di essere una persona che, a causa di determinate circostanze della sua vita, è stata obbligata a vivere in una casa molto piccola. È probabile che, in seguito a questa esperienza davanti a questo gioco, questa persona decida di spendere più della metà della cifra che ha nelle mani per garantirsi un'abitazione favolosa. Questa persona non ha bisogno di una casa da milioni di euro per essere felice; quello che succede è che la sua "sete" di vivere in un luogo degno la sta portando oggi a dare a questo fattore un'importanza più alta di quella che probabilmente avrebbe se sino a oggi avesse vissuto in una casa non così piccola da sembrargli indegna.

A questo mi riferisco quando ti chiedo di prestare attenzione al modo in cui distribuirai questi cinque milioni di euro. Ti invito ad analizzare con cura il tuo obiettivo principale e a essere sincero con te stesso. Accertati che non ci siano, a tuo avviso, filtri o situazioni che stanno influenzando più del dovuto la tua decisione.

Ripeto: nessuna decisione che prendi è buona o cattiva... però è importante che tu distribuisca i 5 milioni di euro nella forma migliore possibile, sino a quando non avrai completato la tua "lista della spesa", avendo usato fino all'ultimo centesimo della somma che ti ho consegnato.

Un'altra regola importante di questo gioco è la seguente: devi descrivere nei minimi dettagli ogni cosa che inserisci nella lista. Mi riferisco al fatto che non vale dire che vuoi spendere mezzo milione di euro in un viaggio. Devi scrivere dove vuoi andare, con chi, per quanto tempo. Lo stesso vale per una casa. Non sarà sufficiente dire che vuoi una casa nuova. Ti invito a visualizzarla in tutti i suoi dettagli. Come sarà, dove sarà, etc. E così con ogni cosa che annoterai nella tua lista.

Sempre allo stesso modo, se decidi di donare una parte del tuo denaro per una causa, quella che vuoi, sarà importante stabilire quale sarà la causa e che cosa ti piacerebbe che i beneficiari della tua donazione facessero con il tuo denaro.

Una volta che avrai completato questo esercizio, ti invito a dedicare qualche minuto ogni giorno per contare una a una tutte le cose che ci sono nella tua "lista della spesa". Fallo per due mesi.

Leggine una, sentila, immaginati nella situazione di averla già comprata. Che cosa vedi? Che cosa senti nell'entrare in connessione con questa situazione tanto agognata? Una volta che avrai sentito dentro di te un "click", un piccolo brivido, bene, esci da questo breve sogno e torna alla vita reale.

Probabilmente, ti starai chiedendo a che cosa serva tutto questo.

Serve per iniziare a guardare la vita con uno spirito di abbondanza, a non vergognarci di avere grandi sogni e soprattutto a prendere coscienza di quante volte abbiamo affogato i nostri desideri dicendo a noi stessi: "Questo non potrò mai farlo perché non ho soldi".

Ovviamente, non ti sto dicendo che grazie a questo semplice gioco diventerai ricco dall'oggi al domani; del resto, l'obiettivo non è questo. Quello che però posso assicurarti è che questo gioco cambierà radicalmente il tuo modo di vedere il successo e le modalità attraverso le quali potrai raggiungere i tuoi sogni.

Che cosa ho sperimentato personalmente e con i clienti che hanno voluto seguire questo semplice esercizio? Che magicamente abbiamo iniziato a renderci conto di quante opportunità avessimo intorno per mandare avanti la nostra attività. Spesso ci ha chiamato qualcuno che ci ha proposto una collaborazione o semplicemente il nostro cervello ha iniziato a generare idee creative che ci hanno aiutati a uscire da una situazione che si era arenata.

Ho sentito molte persone che dicevano: "Se ogni mese avessi un guadagno sufficiente per andare avanti, ne sarei più che soddisfatto".

Ma perché limitarsi? Perché non andare oltre? Perché non immaginare magari un guadagno che, oltre a garantire una vita serena a te e alla tua famiglia, ti permetta di aiutare gli altri in una causa che ti faccia sentire utile e felice?

Abituiamoci a pensare in grande: il denaro non è male. Il problema è non avere chiaro, in tutti i suoi dettagli, in che cosa spendere la ricchezza che la vita e il nostro lavoro potrebbero generare.

REGOLA 7: "INVESTI IN UN CAFFÈ"

Un caffè ti regala un tempo e uno spazio davvero magnifici, uno spazio e un tempo nei quali entri in condivisione con gli altri in modo tranquillo, disteso e amichevole, un'opportunità per entrare in sintonia.

Se parliamo di clienti o possibili clienti, un caffè favorisce un'atmosfera di incontro e comunicazione, un modo per capire di che cosa ha bisogno il cliente e se siamo in sintonia con lui.

In alcune occasioni, un caffè casuale può provocare incontri decisivi, contribuire a quelle che chiamiamo sinergie, al fatto che si generino e che funzionino. Un caffè può servire anche a decidere che non è più necessario proseguire in un determinato rapporto e a sapere che così avremo ottimizzato tempo ed energia: questo succede quando c'è un ambiente informale e in cui si può dialogare.

Ci sarà tutto il tempo per l'ufficio e per lavorare sodo. Un caffè è un investimento eccellente e gratificante.

No, non ti sto suggerendo di raccogliere o vendere caffè.

Ti sto suggerendo di prendere un caffè in compagnia.

Credo che non siamo realmente coscienti dell'importanza che comporti prendere un caffè con qualcuno.

Non importa di che cosa ti occupi: per il tuo *business* è fondamentale costruire una rete di contatti intorno a te, perché questo ti aiuta a crescere. Poter fare affidamento su una rete di contatti professionali servirà a condividere esperienze, collaborare e apprendere gli uni dagli altri, faciliterà la tua crescita, ti mostrerà e aprirà molte porte.

Di fatto, è uno dei modi più efficaci per creare quelle sinergie così necessarie nei confronti di altri professionisti che condividono la tua stessa attività o si occupano di una complementare. Una delle parti più importanti e utili di un caffè sono le opportunità di *business* che ne nasceranno.

Più che di contatti, tuttavia, mi piace parlare di relazioni. In fin dei conti, non si tratta di accumulare numeri telefonici di gente che conosci (questi sono contatti), ma di coltivare relazioni.

Parlo per esperienza professionale... da un semplice caffè, molte volte, sono nati un progetto, un'idea, una collaborazione... e a volte tutto questo si è accompagnato a una buona amicizia.

Non si tratta di incontrarsi e conoscere gente per chiudere accordi o contratti al primo incontro: questo è molto complicato. Come dicevo, per poter cogliere il raccolto, bisogna prima seminare. A volte, si concludono accordi molto velocemente e altre volte no, però si tratta soprattutto di stabilire relazioni a lungo termine.

Se non sai da dove cominciare, ti dò alcuni consigli su come iniziare a ottenere un primo contatto.

I *social network*, oggi, ci permettono di entrare in contatto con qualsiasi persona, in qualsiasi luogo del mondo (più o meno), e questo ci permette anche di trovare proprio quelle che ci sono più affini. Reti come *Linkedin* sono davvero efficaci al momento di incontrare professionisti vicini al tuo *business*, con i quali collaborare. Potrebbero magari permetterti di conoscere qualcuno che a sua volta ti metterà in relazione con persone che hanno un profilo professionale che può fare al caso tuo.

In sintesi:

- Cerca profili e informazioni sui professionisti che sono interessanti per te.

- Stabilisci i tuoi obiettivi. Che cosa cerchi? Finanziamenti, clienti, progetti? Questo ti aiuterà a chiudere il cerchio di cui parlavamo prima.

- Prepara una presentazione verbale della tua attività di 30 secondi, una presentazione che chiunque possa capire. È fondamentale per un professionista definire in modo chiaro e breve quello di cui si occupa.

- Fissati un obiettivo: qual è il numero di persone che vuoi conoscere ed entro quanto tempo?

- Non dimenticare i tuoi biglietti da visita, quando vai a prendere il caffè.

- Mantieni un'attitudine positiva e soprattutto onesta.

Inizia anche a recuperare vecchi contatti: persone che si distinguono per essere affini a te, persone che stimi dal punto di vista sia professionale sia personale.

Cerca di evitare le persone estremamente positive e anche quelle estremamente negative.

Le persone che potranno esserti di grande aiuto sono quelle che saranno capaci di ascoltarti con un punto di vista sano e critico, che ti sapranno motivare, ma che allo stesso tempo sapranno indicarti quelle che a loro parere sono le aree in cui devi migliorarti.

Ti meraviglierai nel renderti conto delle idee e dei suggerimenti che ti arriveranno e... ancora una volta, utilizzando risorse che hai a portata di mano.

Quando feci quel passo per iniziare a costruire il mio nuovo futuro professionale, chiesi aiuto a molte persone. Mi dedicai anima e corpo ad ascoltare attentamente i loro suggerimenti e i loro punti di vista, sempre con l'obiettivo di analizzare successivamente ognuna delle loro opinioni e idee.

Non dobbiamo vergognarci di chiedere aiuto. Oggi lo stai chiedendo tu, ma domani la vita potrebbe obbligarti a cambiare ruolo.

REGOLA 8: "ABITUATI A REGALARE, NON FARE LE COSE *GRATIS*"

Durante la nostra vita professionale (e personale) ci sono momenti in cui abbiamo l'impressione di dare più di quel che dovremmo. L'effetto che genera questa sensazione è altamente nocivo... tossico, direi.

La mia proposta è di prendere coscienza delle cose che diamo, siano queste tempo, conoscenze, amicizia. Avendo consapevolezza di queste cose, capiremo perché le facciamo. Capendo il motivo per cui stiamo dando qualcosa, potremo verificare se è giusto oppure no, se dobbiamo continuare a donare oppure no. In definitiva, daremo valore a ciò che facciamo.

Proprio perché ciò che diamo ha valore, con un approccio cosciente sapremo quando e perché dobbiamo farlo. Attenzione: si tratta di inserire una modifica sostanziale al modo in cui lo facciamo, soprattutto al modo in cui pensiamo e sentiamo quello che facciamo.

Il nostro tempo e le nostre conoscenze hanno un valore; per questo, quando li diamo senza apparentemente ricevere nulla di concreto in cambio, non dobbiamo pensare che lo stiamo facendo *gratis*. Stabilito che quello che stiamo dando ha un valore, allora quello che stiamo facendo è un regalo.

Dobbiamo saperlo noi e deve saperlo anche chi riceve il regalo. "Puoi aiutarmi *gratis*?".

Quanti di noi hanno ascoltato questa frase almeno una volta nella vita? Sicuramente molti. Ultimamente, ancora di più!

Senza mascherare quello che penso, vi dirò che considero questo un grande cancro della nostra società, perlomeno uno molto importante tra i tanti. Pensare e aspettarsi che gli altri ti diano il loro tempo, i loro sforzi e il loro lavoro in maniera gratuita o sperando di ricevere un giorno una percentuale di un ricavato che forse ci sarà è qualcosa che in molte occasioni mortifica chi lo chiede e dà dignità a chi lo rifiuta.

Uno dei motivi per cui non ho mai lavorato *gratis* (e mai lo farò) è perché considero che il concetto stesso sia solo un grande malinteso, o che molte volte si pensi a questa cosa in modo sbagliato. Mi spiego: secondo il mio modo di vedere le cose, esiste un'enorme differenza tra "lavorare *gratis*" e "regalare lavoro".

"Lavorare *gratis*" può avere molti effetti. Eccone alcuni:

1. Se una persona è capace di approfittare del tuo tempo, non sarà mai capace di dargli un valore.

2. L'autostima di una persona che lavora *gratis* si abbassa nello stesso momento in cui comincia a farlo. È normale, se pren-

diamo in considerazione il fatto che non ha alcuna ricompensa per i suoi sforzi.

3. Potrebbe spargersi la voce che questo è il suo modo di fare le cose e farlo entrare così in un circolo vizioso che non porterà nulla di buono alla sua carriera professionale.

Molto diverso è invece aiutare chi ne ha bisogno. In questo caso, io parlo di "regalare lavoro" ed è qualcosa che si fa in un modo incondizionato e senza aspettarsi assolutamente nulla in cambio.

In più di un'occasione, ho aiutato alcuni clienti a sviluppare la loro attività senza farmi pagare e senza chiedere nulla in cambio. Si trattava di persone che per me avevano bisogno di aiuto in un momento determinato... e mi sono sentito più che ripagato dall'offerta di un buon caffè.

In questo caso, però, si trattava di un regalo. In nessun momento ho detto loro che li avrei aiutati *gratis*.

Ti racconto un episodio che mi è accaduto: ero assolutamente disposto ad aiutare una persona, ma nello stesso tempo definii molto chiaramente che non si trattava di un regalo e che quello che stavo facendo aveva un valore.

Un giorno, ricevetti una *email* da una persona che mi aveva ascoltato qualche mese prima durante una conferenza che avevo tenuto a Barcellona. Mi chiese un appuntamento per capire se potessi aiutarla in qualche modo a orientarsi nel suo percorso professionale.

Il giorno in cui ci incontrammo, mi ritrovai davanti una persona con un gran cuore, che aveva bisogno di una spinta per portare avanti il suo progetto professionale.

Iniziai a spiegargli tutti i dettagli di quello che doveva fare, però, man mano che parlavo, leggevo nel suo atteggiamento un chiaro imbarazzo.

Gli chiesi se andasse tutto bene.

Mi rispose che tutto quello che stavo dicendo gli sembrava perfetto, ma che lui non si sarebbe mai potuto permettere di avviare le cose nel modo in cui gliele stavo proponendo.

Lo invitai a rilassarsi e a non preoccuparsi del costo perché, secondo il mio modo di vedere la situazione, in quel momento era qualcosa di marginale.

Così, riuscii a portare a termine il mio discorso.

Una volta terminato, gli chiesi di indicarmi una cifra, quella che lui pensava sarebbe stata utile per avviare il progetto. Volevo che lo facesse tenendo presente che io non avrei contestato l'importo.

Davvero per me non faceva alcuna differenza la cifra che mi avrebbe indicato. Gli stavo solo chiedendo di darmi valore, di dare valore a me, al mio tempo e alle mie conoscenze. La quantità che mi indicò era più o meno un quinto del valore reale delle azioni che gli stavo proponendo. Non glielo dissi e accettai di aiutarlo per quella cifra. Sapevo che l'importante non era la somma con la quale aveva dato un valore al mio lavoro; quello che importava era che gli avesse dato un valore.

Cominciammo a lavorare e nei mesi successivi questa persona per gratitudine mi aiutò a raggiungere più clienti.

Un'altra situazione che potrebbe capitarti è quella in cui qualcuno ti propone di investire il tuo tempo, i tuoi sforzi e il tuo lavoro nello sviluppo di un *business* che domani potrebbe trasformarsi nel... *Facebook* del futuro. Davanti a un caso con queste caratteristiche, il tuo tempo investito in maniera gratuita si convertirà in oro... ovviamente non puoi perdere quest'occasione!

Se ti trovi in questa situazione o in una simile, che ti fa dubitare al momento di prendere una decisione sulla possibilità di lavorare *gratis* o no, ti propongo di provare ad analizzare in profondità queste dieci domande e a essere... positivamente egoista:

1. Da quanto tempo conosci le persone che fanno parte di questo progetto?

2. Si tratta di persone che consideri compatibili con il tuo modo di lavorare?

3. Hai analizzato bene il *business plan* del progetto?

4. Quali sono i punti di forza e i punti di debolezza del modello di *business* nel quale ti hanno proposto di lavorare?

5. Prova a guardare al futuro, in un intervallo di due o tre anni: è possibile che qualche concorrente molto più forte di te riesca a fare la stessa cosa e bruci tutti gli sforzi investiti?

6. Accertati del fatto che effettivamente non ci siano disponibilità economiche per pagarti perché, nel caso in cui ci fossero, hai un messaggio molto chiaro davanti a te: l'imprenditore non crede nel suo stesso progetto... e se è così, cominciamo male!

7. Conosci il settore in cui opera o vorrebbe operare quest'azienda? Se lo conosci, ti sarà molto più facile valutare se sta facendo le cose per bene. Se non lo conosci, ti suggerisco di non farti coinvolgere, a meno che al progetto non collabori una persona della quale ti fidi ciecamente, una persona estremamente competente in materia e che ti suggerisce di fare diversamente.

8. È un settore che ti interessa realmente o stai cercando di fartelo piacere perché è in espansione? Lavora su ciò che ti piace realmente. La tua passione ti permetterà di sopportare meglio il tempo che gli dedichi.

9. Sei ampiamente coperto dal punto di vista economico in tutte le tue necessità? Questo è molto importante, perché non puoi investire tempo in qualcosa scommettendo su un eventuale beneficio, se non riesci a coprire i tuoi costi fissi.

Anche se ti ho sempre detto di guardare agli affari con spirito di abbondanza, non dimenticare che il mio consiglio si riferisce anche al fatto di farlo tenendo i piedi per terra: fino a quando non avrai entrare fisse, concentrati su quei servizi e/o prodotti che potenzialmente ti garantiscono più entrate, con il minor sforzo e nel minor tempo possibile. Ricordati che all'inizio la tua attività e il tuo progetto sono come piantine appena nate. Se stessero molti giorni senza acqua, potrebbero morire. Più in là nel tempo, avrai senz'altro il tempo di diversificare.

10. Da dove prenderai il tempo per dedicarti a questa attività? Non puoi sottrarlo all'ozio e al tempo libero! Tutti abbiamo bisogno di sfogarci e di dedicare un po' di tempo al relax.

Se lo fai prima, è probabile che, per non essere riuscito ad aiutare te stesso, non riuscirai ad aiutare neanche gli altri.

Questo non vuol dire che non ci saranno casi in cui sentirai nascere in te la voglia di aiutare qualcuno, indipendentemente dal fatto che ci sia o meno una ricompensa economica. Chiedi a te stesso il permesso per farlo. Se la risposta che ascolti dentro di te è un SÌ, allora lanciati senza pensarci due volte.

REGOLA 9: "PRENDITI CURA DI TE E PIANIFICA CON LA MENTE APERTA"

Immersi in obiettivi a breve, medio e lungo termine, tanto nella nostra vita professionale quanto in quella privata, ci sono occasioni nelle quali ci sentiamo trascinati dall'immediatezza.

Quando succede questo (e succede molto facilmente), il nostro mondo corre il rischio di cominciare a chiudersi. Rischiamo di perdere la prospettiva e, soprattutto, di cominciare a non prenderci cura di noi stessi.

Per combattere questa tendenza, dobbiamo esercitare volontariamente una predisposizione che ci permetta di tenere la mente aperta. Con la mente aperta, potremo apprezzare quello che c'è nel nostro passato e nel presente e visualizzare quello che probabilmente ci aspetta nel futuro. Il risultato è molto salutare, perché è stimolante e arricchente, perché allontaniamo il pericolo di tormentarci con il quotidiano e con le sue apparenti battute d'arresto e siamo sempre pronti per agire, per correggere, per apprendere e per sognare.

Tutto quello che fai oggi genererà il tuo domani, perciò non dimenticarti mai dei tuoi obiettivi. Questo è molto importante. Un imprenditore deve continuamente ritoccare i suoi obiettivi a breve e medio termine, affinché riflettano sempre la strada più corta per arrivare all'obiettivo finale: il lungo termine.

Qualsiasi cosa tu faccia, qualsiasi nuova proposta di collaborazione o di affari ti arrivi tra le mani, chiediti se è in linea con il tuo obiettivo finale.

La tua pianificazione deve essere la più creativa possibile.

Un imprenditore deve essere creativo.

Abituati a vedere affari e opportunità anche sotto le pietre.

Ti aiuterà molto il fatto di continuare a conoscere persone: man mano che il tuo *networking* crescerà, automaticamente si moltiplicheranno le opportunità e le connessioni.

Non spaventarti se non hai mai avuto questa *forma mentis*: questo non vuol dire che tu non possa acquisirla in un arco di tempo abbastanza breve, però comincia a farlo.

Quando ti dedichi a questo processo creativo, lascia fuori i problemi del quotidiano. Fallo con la mente aperta.

Prima abbiamo parlato dell'energia che molte volte disperdiamo. Prenditi il tuo tempo, anche quando il lavoro sembra non permettertelo, e dedicati un po' a te stesso. Potrebbe sembrarti una perdita di tempo ed energia, però non lo è. Al contrario, è un modo molto produttivo di investire il tuo tempo e alimentare la tua energia.

A me, per esempio, aiuta molto passeggiare. Le lunghe passeggiate mi consentono di consolidare i miei progetti e di averne una visione che molto difficilmente potrei avere restando seduto davanti al computer.

Quindi, man mano che avanzerai nel tuo cammino, lascia sempre uno spazio per la creatività e soprattutto per te, perché tu possa godere del percorso e perché ti arrivino quelle intuizioni che saranno la chiave per arrivare a destinazione.

Cerca il TUO luogo per coltivare la creatività.

Può essere un angolo della tua casa, una piazza della tua città, un incantevole hotel in provincia, una seconda casa al mare, il paese nel quale hai vissuto da piccolo, qualsiasi cosa e in qualsiasi luogo, però cerca questo posto e trasformalo, a partire da oggi, nel tuo luogo creativo.

Avrai notato che ti consiglio spesso di associare situazioni emotivamente significative ai luoghi. Essere imprenditori ha molto a che vedere con il darsi delle regole e organizzare le cose... questo metodo forse è più o meno utile a seconda della persona che lo applica, però ti invito quantomeno a provarlo.

Il cervello ha bisogno di riconoscere l'ambiente di lavoro e di distinguerlo da quello del gioco o dell'ozio e dal luogo per la creatività.

Quando aiuti il tuo cervello a riconoscere il tuo luogo creativo, ogni volta che hai la possibilità di andarci, potrai vedere come la creatività inizierà a lavorare quasi istantaneamente, perché sarai a casa.

Io, per esempio, ho un piccolo appartamento vicino a Nizza ed è là che cerco di andare ogni volta che mi rendo conto che ho bisogno di rivedere, creativamente parlando, la mia situazione.

La creatività è una delle abilità più importanti che un imprenditore deve avere. Non riesco sinceramente a immaginarmi un imprenditore che non sia creativo. È come immaginarsi a un uccello che non sa volare... non è concepibile.

Le idee migliori ci arrivano quando riusciamo a liberarci del quotidiano, dei problemi che ci intasano la testa e pesano su di noi, nel momento in cui vogliamo entrare in sintonia con l'obiettivo che alimenta il nostro *business*.

Lasciati trasportare. Appunta, nel tuo luogo creativo, tutte le idee che ti raggiungono, non giudicarle perché magari ti sembrano troppo ambiziose o perché ti appaiono sproporzionate rispetto alla situazione che stai vivendo.

Tre anni fa, durante uno di questi esercizi creativi che ti sto invitando a fare, scrissi che mi sarebbe piaciuto un giorno scrivere un libro. Nel momento in cui diedi forma a questo obiettivo, non sapevo da dove cominciare. Oggi, a trentasei mesi di distanza, tu lo stai leggendo...

Non limitarti, spronati a pensare in grande e, una volta che avrai scritto tutto nero su bianco, comincia ad assegnare una scala di priorità a ognuna delle azioni che hai nel tuo elenco.

Quale di queste metterai "in marcia" per prima? Per quale motivo?

Creare scale di priorità e ordinare questi microprogetti, frutto di questo flusso creativo, è un altro compito essenziale. In questa fase, dovrai spegnere la fiamma della creatività e accendere quella del tuo spirito imprenditoriale. Analizza uno a uno i tuoi obiettivi e assegna loro una priorità in base all'obiettivo finale della tua attività.

Se la tua situazione finanziaria necessita tuttavia di essere consolidata, dai la priorità a quegli obiettivi che hanno un impatto diretto sul conto di gestione della tua impresa. L'ho già detto: arriverà il tempo per investire in progetti che hanno un risultato a lungo termine. Se non ti prendi cura inizialmente della tua tranquillità finanziaria, si farà tutto più complicato e... nei momenti complicati è molto più difficile essere creativi. Senza creatività, però, come ti dicevo, è molto più complesso, per non dire impossibile, essere imprenditori.

REGOLA 10: "VIVI SURFANDO!"

Questa regola è la conclusione perfetta delle nove che la precedono.
Mi spiego.

Molti degli inconvenienti (o meglio, degli errori) di cui abbiamo parlato sino a ora, oltre a essere umani, sono frequenti. Se ne prendiamo coscienza, se impariamo a riconoscerli e a reagire, possiamo in buona parte risolverli.

Tuttavia, proprio perché sono attitudini ricorrenti che spesso ci portiamo dietro da molto tempo, è utile non perdere di vista il fatto che l'imprevedibilità della vita è qualcosa di quotidiano, che la nostra capacità di controllare quello che succede è minima. La vita continuerà a sorprenderci con i suoi giri inaspettati e dobbiamo adottare un'abitudine permanente: "vivere surfando".

A ogni nuovo episodio, a ogni nuovo capitolo della nostra vita, con tutte le sorprese che essa ci riserva, buone e cattive, dobbiamo essere predisposti a "surfare", ad aggirare gli imprevisti e ad approfittare delle onde favorevoli.

Se teniamo presente che è così che dobbiamo (o possiamo... siamo liberi di scegliere!) vivere, il resto dei nostri passi e tutte le regole che abbiamo compreso e praticato ci torneranno utili per dotarci degli strumenti necessari per raggiungere... la nostra Luna.

Quando ci confrontiamo con un problema, quando lo vediamo arrivare, ci preoccupa così tanto l'effetto che avrà sulla nostra attività che difficilmente troviamo la disposizione mentale necessaria per affrontarlo in modo corretto.

Quando arriva un'onda, possiamo fare molte cose, però, quello che non possiamo fare è rimpicciolirla. Se l'onda è di dieci metri, continuerà a essere di dieci metri, indipendentemente dal modo in cui agiamo.

Che cosa dobbiamo fare, allora?

Guardarci intorno e mettere in fila, una dietro l'altra, tutte le risorse che abbiamo a disposizione e che ci aiuteranno a superare le difficoltà in maniera efficace.

Riconosco che bisogna essere freddi e analitici. Non bisogna indugiare sui particolari che non dipendono da noi, ma concentrarsi in tutto quello che EFFETTIVAMENTE possiamo fare per uscire dal problema.

Chiediamo aiuto ai nostri collaboratori o amici (ricordi? Saper chiedere aiuto è essenziale!), rimandiamo le incombenze meno urgenti e concentriamoci sulla soluzione del problema.

Se facciamo questo, scopriremo che forse l'onda è già passata. E se non è passata, quantomeno l'impatto che avrà su di noi e su quello che ci circonda sarà limitato.

Forse, ci renderemo conto che siamo usciti rafforzati da quest'esperienza, pronti per afferrare e superare onde più alte.

Detto in un altro modo, sperimenteremo che non stiamo più semplicemente sopravvivendo, ma abbiamo imparato a vivere, perché abbiamo appreso a "surfare" con la vita e le sue onde.

A questo proposito, ti racconto un aneddoto curioso che mi è successo qualche anno fa.

Sin da quando ho iniziato a lavorare per conto mio, mi ha seguito e aiutato una collega e amica che vive a 2.200 chilometri di distanza da Barcellona, nell'isola di Tenerife. Il suo nome è Guacimara.

Impiegai un paio di mesi a dire il suo nome senza deformarlo e, oggi, guidato dal mio sentimento di protezione verso tutti i miei amici e colleghi, mi arrabbio ogni volta che un cliente lo pronuncia male.

Nel gennaio del 2014, decidemmo di vederci per gettare le basi della nostra collaborazione. I clienti erano aumentati e si era reso necessario organizzarci meglio. Inoltre, l'idea di passare qualche giorno a Tenerife non mi dispiaceva affatto e così stabilimmo un appuntamento.

Per approfittare del viaggio, decisi di organizzare con il suo aiuto un corso di tecniche di *marketing* per *blogger*.

Le adesioni al corso furono molto alte, sin dal primo momento. C'era molta gente interessata e tutto faceva pensare che sarebbe stato un buon successo. Qualche giorno prima di prendere il volo per le Canarie, tuttavia, mi chiamò la mia collega, dicendomi che era sorto un problema: qualcuno che probabilmente non aveva nulla di meglio da fare nella vita si era preso la briga di contattare una a una le persone che si erano iscritte all'evento attraverso *Facebook* per metterle in guardia, avvertendole che il corso che stavamo organizzando con tanta abbondanza di dettagli era in realtà una truffa. Tutte le persone che si erano iscritte si cancellarono.

Arrivava l'onda.

Bisognava annullare qualcosa che avevamo organizzato con tanta cura e desiderio, per colpa di qualcuno che era invidioso o forse spaventato dal fatto che magari, un giorno, qualcuno gli avrebbe potuto "rubare" il lavoro. Rimasi senza parole.

Non tardai a reagire.

Per prima cosa, volli tranquillizzare la mia collega per l'eccellente lavoro che aveva realizzato e poi mi tornò in mente l'insegnamento che mi aveva dato il mio capo Felice quando ero a Milano: "Usciamo dal problema, guardiamolo da lontano e scegliamo la migliore soluzione possibile".

Così facemmo: mantenemmo in piedi l'evento, invitammo molte persone interessate, fissando un prezzo simbolico, e ampliammo il tempo dedicato al corso.

Risultato?

Fu un successo. Vennero quasi trenta persone, che poi commentarono sui *social* che il corso era stato tutto, fuorché una truffa. Probabilmente, i malpensanti che volevano crearci dei problemi videro tornare indietro come un *boomerang* lo scherzo che ci avevano fatto.

A questo mi riferisco: ti ritroverai in situazioni sgradevoli e, quando succederà, sarà necessario analizzarle freddamente, agire immediatamente e cercare di imparare da esse.

"Vivere surfando" deve diventare il tuo nuovo stile di vita.

PARTE 3
LE TRE FASI

Dopo tutto quello che ti ho raccontato in queste pagine, è arrivato il momento in cui sento necessariamente di dover tirare le somme.

Voglio farlo offrendoti più idee e spunti di riflessione.

Questa volta, però, li dividerò in tre fasi.

Non ti sto proponendo le tappe di un progetto imprenditoriale, che possono essere molte e diverse, a seconda delle caratteristiche e della complessità del modello di *business* cui si vuole avviare. Ovviamente, non è la stessa cosa aprire un ristorante nel Porto Olimpico di Barcellona oppure uno studio privato di psicologia in un paese di provincia. Non è questo il mio scopo né il mio interesse... né esattamente la mia specialità.

Quello che voglio proporti sono delle linee guida generali che possono essere utili a tutte quelle persone che, a un certo punto, hanno deciso di dire "basta" a una certa fase professionale in cui operavano come dipendenti per iniziare a lavorare per conto proprio, in un progetto personale.

Questo è il contesto in cui inserisco le tre fasi che ci apprestiamo ad analizzare.

Le ho chiamate:

FASE 1 o *Fase Sherlock Holmes*: Non sottovalutare nessun aspetto.

Non trascurare alcun dettaglio.

FASE 2 o *Fase Cristoforo Colombo*: Senza fretta, ma senza fermarti.

FASE 3 o *Fase Neil Armstrong*: Conquista la tua Luna.

Tre imprenditori molto speciali... vero?

FASE 1: Fase Sherlock Holmes

La *Fase Sherlock Holmes* corrisponde al momento in cui ti trovi ancora in una situazione professionale che non ti soddisfa: non ti senti motivato e, a volte, ti chiedi se davvero il tuo stipendio sia una giusta ricompensa per vivere otto ore al giorno (o anche di più) tra le quattro pareti del tuo ufficio, passando più tempo con i tuoi colleghi e con il tuo capo invece che con la tua famiglia e gli amici... magari intento a fare qualcosa di più interessante e stimolante rispetto a quello che occupa le tue ore in ufficio.

In questa fase, l'imprenditore che è dentro di te sgomita per uscire alla luce, però non sei arrivato ancora a quel punto in cui, inevitabilmente, non puoi far altro che dire "basta". Tuttavia, sai già quello che sta succedendo e intuisci che è solo una questione di tempo e quel momento arriverà.

Che cosa fare, se stai vivendo questa fase?

1. Tieni sempre a mente la tua attuale situazione lavorativa. Non abbandonare tutto per lanciarti nella creazione della tua attività.

Rifletti e pianifica bene questo cambiamento. Non tuffarti in una piscina vuota. Riempila con acqua sufficiente per poter iniziare a nuotare.

2. Non aspettare di arrivare al punto in cui non ne puoi più del tuo lavoro per trovare una soluzione, perché potresti prendere delle decisioni delle quali poi pentirti. Devi avere la possibilità di riflettere e decidere nelle condizioni più tranquille.

3. Comincia a modellare la tua idea di progetto. Analizza bene quali sono le attività che ti piacerebbe poter sviluppare in futuro.

4. Fai uno studio di mercato. Uno studio di mercato può orientarti nel modo più intelligente. Può sconsigliarti il cammino che stai progettando di percorrere e apportarti nuove idee e

diversi punti di vista, che contribuiranno a evitarti spese inutili e ti vieteranno di iniziare con il piede sbagliato.

5. Hai le capacità e le conoscenze tecniche sufficienti per avviare il tuo progetto? Rispondi in maniera obiettiva. Se la risposta è "no", allora identifica quali sono i tuoi punti deboli e approfitta di questo tempo in cui stai ancora lavorando come dipendente per migliorarti.

6. Pianifica il tuo futuro senza porti dei limiti: immaginati tra cinque anni. Dove sarai? Che cosa starai facendo?

7. Compra un quaderno per prendere appunti. Lo dedicherai esclusivamente al tuo obiettivo: annota uno dopo l'altro tutti i passi che dovrai fare per trasformare in realtà il tuo progetto.

Non preoccuparti adesso di quando dovrai compiere ognuno di questi passi. Non è una questione da prendere in considerazione adesso. È come quando si prepara una torta: prima mettiamo insieme tutti gli ingredienti e dopo arriverà il momento di capire in che modo mischiarli e in quale ordine.

8. Identifica il tuo obiettivo finale, il sogno della tua vita, che va oltre il tipo di attività che stai pensando di iniziare. Che cosa ti piacerebbe fare il giorno in cui la tua attività sarà già avviata e avrai le risorse sufficienti per realizzare il sogno della tua vita?

9. Qual è il sogno della tua vita? Non preoccuparti se ancora non hai una risposta chiara a questa domanda così trascendentale. Se ti trovi in questa situazione, lavora per trovare una risposta dentro di te. La risposta arriverà.

Non smettere mai di chiederti qual è il sogno della tua vita: è importante, perché le persone che hanno maggiore successo sono quelle che lavorano per raggiungere obiettivi che vanno oltre i limiti del successo imprenditoriale.

10. Lavorando come dipendente, stai "vendendo" il tuo tempo per aiutare un imprenditore a raggiungere il "suo" obiettivo imprenditoriale e di vita.

Domani, quando lavorerai per conto tuo, dovrai essere in grado di generare le entrate sufficienti che ti permettano di raggiungere il "tuo" obiettivo imprenditoriale e personale.
Prendi coscienza del fatto che questo è un cambiamento radicale.

11. Comincia a muoverti sui *social network*. Ascolta e osserva in che direzione sta andando il mercato, leggi le storie delle persone che hanno già fatto il cammino che vuoi intraprendere e cerca, per quanto possibile, di entrare in contatto con loro per farti raccontare direttamente la loro storia.

12. Non avere fretta nel definire tutti i dettagli della tua attività: la fretta è la peggior nemica di un imprenditore. Non lavorare frettolosamente, ma fallo senza sosta e con rigore.

13. Prepara un *business plan* ben strutturato. Se non pensi di avere le giuste capacità per realizzarlo, allora chiedi aiuto a un professionista del settore. Ci sono cose sulle quali non puoi permetterti di risparmiare. Un imprenditore che risparmia sui particolari importanti potrebbe pagarla molto cara: ci sono molte attività che falliscono perché chi le promuove non ha elaborato un buon *business plan*.

14. Realizza un *business plan* ambizioso ma realista, senza andare oltre il piano dell'ottimismo.

15. Hai un piano B? Ti suggerisco di trovare soluzioni alternative per il tuo progetto. Avviare un'attività imprenditoriale è come giocare una partita a scacchi. Bisogna prevedere i movimenti dell'"avversario" per immaginare la tua contromossa vincente.

Le situazioni in cui potrai trovarti ti obbligheranno a cambiare direzione, a modificare il tuo modo di agire e, a volte, anche il tuo prodotto o servizio. Molto del tuo successo dipenderà da te, però ci sono elementi che sarà difficile controllare: quando ti trovi nella situazione in cui ti rendi conto che il tuo modello di *business* è in pericolo, devi saper agire e trovare un'alternativa nel modo più rapido e risolutivo possibile.

16. "Nessuno lascia la Terra con vita", dice la saggezza popolare, e nessuno mette in discussione quest'affermazione. Poniti questa domanda: "Per che cosa ti piacerebbe essere ricordato su questa Terra?".

17. Non cominciare questo viaggio da solo. Condividi la tua inquietudine con persone di fiducia e lasciati guidare anche dai loro consigli.

18. Ascolta con gratitudine coloro che ritieni più opportuno ascoltare, ma alla fine prendi la tua decisione autonomamente.

È molto più facile perdonare se stessi per una decisione presa nel modo sbagliato che assolvere qualcun altro per il proprio fallimento.

19. Non chiedere aiuto e opinioni a persone estremamente negative o estremamente positive. Cerca persone costruttivamente critiche, che ti appoggino, ma che sappiano aiutarti a identificare e anticipare i punti dolenti, le difficoltà e le carenze... scegli possibilmente persone che ti conoscono molto bene.

20. Ti suggerisco di non parlare con nessuno del tuo progetto sul tuo attuale luogo di lavoro, neanche con il collega o la collega dei quali ti sei sempre fidato. È un momento molto delicato. Rivelare i tuoi piani prima del tempo potrebbe farti correre il rischio di gestire tutto il processo in un modo inaspettato e scomodo: non conviene trovarsi in questa situazione.

Questa è una fase molto delicata. Per il momento, devi continuare a fare il lavoro che ti dà da vivere, perché non sai ancora quando arriverà il momento in cui potrai dire "basta". Continua a lavorare con la stessa professionalità e lo stesso impegno di sempre. Ricorda che quello che stai pianificando è qualcosa che a molti piacerebbe avere il coraggio di fare e a volte può capitare che, se riveli le tue intenzioni sul luogo di lavoro, sorgano invidie o che qualcuno abbia voglia di svelare le tue carte prima del necessario.

21. Comincia a scollegarti emotivamente dal tuo attuale luogo di lavoro. Renditi conto che nel giro di qualche mese non farai più parte di quella struttura e quindi non vale la pena disperdere energie inutilmente, per esempio lamentandoti per il tuo lavoro.

Continua a dare il massimo di te stesso, ma fallo serenamente e senza litigare con nessuno.

Se prima eri disposto a restare più tempo in ufficio, oltre il tuo orario di lavoro, pensa che adesso quel tempo è molto importante per te. Quindi, se hai completato in tempo i tuoi compiti, allora esci dall'ufficio in orario e dedica il tempo al tuo progetto.

Approfitta delle tue energie e dei tuoi sforzi mentali, concentrati nel creare il tuo futuro. Ti renderai conto che, man mano che la pianificazione del tuo progetto futuro procede, le stesse cose che prima ti infastidivano, nel tuo attuale lavoro, adesso, non costituiscono più un problema.

Detto in altro modo... resisti! Manca poco!

22. Così come nel punto 13 ti ho raccomandato di preparare un buon *business plan*, adesso ti invito a pianificare uno studio di mercato. Se non sei in grado di farlo da solo, delega la faccenda a un professionista. Questa è un'altra di quelle spese sulle quali non puoi risparmiare. Uno studio di mercato può aiutarti a focalizzare le aree più interessanti per il tuo *business* e che potrebbero non coincidere necessariamente con quelle che avevi in mente.

23. Analizza la concorrenza. Individua i suoi punti forti e i suoi punti deboli.

24. Domandati: "Comprerei il mio prodotto o servizio? Perché?".

Non va bene rispondere: "Perché la mia attività è la migliore"... è troppo generico e senza dubbio anche la tua concorrenza è molto preparata.

Concentrati su quello che obiettivamente ti rende migliore rispetto agli altri.

25. Se vuoi vendere un prodotto o un servizio che nessuno è mai riuscito a vendere, domandati il perché. Potremmo trovarci davanti al prodotto del secolo oppure davanti a qualcosa che sarà molto complicato vendere. Ed è molto importante sapere se si tratta del primo o del secondo caso.

26. Cerca un buon consulente finanziario (chiedi alle persone che ti circondano: i migliori consulenti si trovano grazie al passaparola) e chiedigli di consigliarti correttamente sulla forma giuridica più adatta alla tua impresa.

Le tue particolari condizioni e quelle del tuo *business* potrebbero essere adatte per la creazione di una S.r.l, oppure di una S.p.a, o per esercitare come libero professionista, o per dare vita a una qualsiasi formula, a seconda del Paese nel quale ti trovi e della sua specifica legislazione.

27. C'è chi sostiene (e tra loro anche io) che tra un imprenditore di successo e uno che fallisce la differenza più importante si trova nella costanza e nella perseveranza.

Un imprenditore di successo deve svegliarsi ogni giorno sempre deciso a migliorare, a raggiungere un nuovo obiettivo. Anche se capitano le giornate in cui questi obiettivi non si raggiungono, un imprenditore di successo continuerà a svegliarsi con la stessa attitudine costante e perseverante.

Analizza obiettivamente il tuo modo di essere perché, se effettivamente in questo momento sei sprovvisto di questa virtù, dovrai trovare le risorse sufficienti e necessarie, imprescindibili, per svilupparla.

28. Abituati all'idea che, una volta deciso di "fare il salto", probabilmente le vacanze saranno qualcosa di cui difficilmente potrai godere, almeno per un certo periodo di tempo, abbastanza lungo.

Questo non deve preoccuparti: l'immagine che hai oggi delle vacanze come il momento in cui allontanarsi da una situazione scomoda e stressante domani avrà un significato completamente diverso.

Quello che è successo a me e che vedo accadere a tutti i miei clienti è che, quando facciamo davvero quello che desideriamo fare, qualcosa che ci motiva, quando riusciamo finalmente ad avere in mano le redini della nostra vita professionale, automaticamente le vacanze diventano meno necessarie.

Chiaramente, e lo abbiamo detto molte volte in questo libro, è importante sapersi ritagliare regolarmente e frequentemente momenti di ozio, che equilibrino quelli in cui siamo assorbiti dalla gestione della nostra attività. Senza dubbio, vedrai come la tua vita professionale e quella personale inizieranno a mischiarsi e smetterà di assillarti l'ansia che arrivi il fine settimana o il mese di agosto per staccare un paio di settimane.

La fase Sherlock Holmes è una fase delicata ma anche molto bella.

Ti obbliga a guardare verso il futuro, a pianificarlo, a vederlo con speranza e positività. Ti renderai conto di come, passo dopo passo, il tuo obiettivo sarà sempre più vicino.

Ricordati sempre che i grandi passi non devono essere fatti di colpo.

Approfitta di questo momento per guardare alla tappa successiva con speranza, ma anche con il rigore necessario per essere in grado di porre delle basi solide al tuo progetto.

La cosa più impressionante è che, man mano che ti renderai conto che il tuo sogno può realizzarsi, il tuo lavoro attuale sarà molto più leggero. Smetterai di arrabbiarti e molte futilità non ti toccheranno più, perché saprai che è solo una questione di tempo prima che arrivi il giorno in cui dirai "basta": quel giorno è proprio dietro l'angolo.

FASE 2: Fase Cristoforo Colombo

Questa è la fase delle vertigini... sei pronto?

Per affrontare questa fase è importante raccogliere tutte le tue risorse ed energie. Non è un gioco e la faccenda diventa seria. Sono finiti i tempi in cui si pianifica, si disegna, si immagina. Adesso è il momento in cui si "agisce". Si tratta di intraprendere il percorso più breve che ci sia per arrivare alla terra ferma il prima possibile. Sono necessarie analisi e riflessione, ma abbiamo bisogno anche di qualcosa di cui abbiamo già parlato prima: prendere decisioni in maniera rapida.

29. Adesso che non lavori più come dipendente e non hai bisogno di essere riservato nel gestire la comunicazione del tuo progetto, approfitta per strutturare in maniera professionale ed efficiente la tua presenza sui *social network*.

30. Sii cosciente del fatto che i momenti di scarsità economica sono quelli che ti obbligano alla massima creatività. Se sarai cosciente di questo, riuscirai ad affrontarli vedendo il loro lato più positivo e non sarai facilmente oppresso o inutilmente angustiato dalle preoccupazioni.

31. Vivi questo momento serenamente. Sei in una fase difficile, però è quella che ti porterà al tuo obiettivo. Lavora duro, ma soprattutto godi di ogni tappa.

32. Se improvvisamente ti coglie un momento in cui ti senti demotivato, fermati a riflettere su tutti quegli obiettivi che sei riuscito a ottenere fino a questo momento: sintonizzarti sui

tuoi successi e sugli obiettivi raggiunti ti darà immediatamente la forza necessaria per andare avanti.

33. Nella tua impresa devi mettere la faccia. Questo aumenterà la fiducia dei tuoi potenziali clienti e i risultati arriveranno molto più rapidamente. Ti invito a farlo.

Ho conosciuto persone che hanno preferito non collegare direttamente la propria immagine all'azienda, dando ai clienti l'impressione di avere un'impresa strutturata, con impiegati e tutto il resto. Ti consiglio vivamente di non farlo. Quando parliamo con un cliente, è esattamente come presentarsi a un colloquio di lavoro. Mentire non serve a nulla.

Per il momento, mettici la faccia: devi aiutare la tua impresa a crescere grazie alla tua professionalità ed esperienza. I primi clienti arriveranno e decideranno di acquistare proprio perché ci sei tu! Perché si fidano di te! Quindi, quanta più visibilità avrai nella tua azienda, tanto meglio sarà.

34. Essere presenti sui *social network* in modo serio e professionale, come dicevo nel punto 29, significa avere cura di ogni immagine, video e suono, di qualsiasi notizia che pubblichi. Se non riesci ad aver cura di questi aspetti, allora tanto vale non esserci proprio.

35. Avere cura della tua presenza sui *social* significa anche fare in modo che non vengano condivisi sulla tua bacheca materiali audiovisivi che non sono in linea o coerenti con la qualità che vuoi trasmettere attraverso la tua impresa, attraverso il tuo *brand*. La presenza di questo materiale estraneo a te e alla tua azienda potrebbe distorcere la percezione che hanno di te i potenziali clienti che ti incontrano e ti seguono in rete.

36. Cura e fai crescere il tuo *personal brand*. Indipendentemente dal fatto che tu abbia deciso di aprire un ristorante, un negozio di parrucchiere per cani, un *bed and breakfast* o un cen-

tro per offrire terapie naturali, devi sapere che il tuo *personal brand* inizialmente sarà molto più importante del tuo prodotto o servizio. Sviluppa il tuo *brand* e fai in modo che giochi un ruolo molto importante nel sostenere la tua impresa.

37. Cura la tua rete di contatti, favorendo le opportunità di incontri periodici.

Chiamali, curali, riserva sulla tua agenda il tempo per sederti con loro a prendere un caffè.

Interessati sempre a loro e alle loro attività e non perdere l'occasione di comunicare loro punti di vista, suggerimenti o aiuti. Questo si può ottenere indipendentemente dal fatto che viviamo o meno nella stessa città. Il mio consiglio non è quello di vedersi fisicamente, se questo non è possibile.

Si tratta di far sì che l'altra persona sia cosciente del fatto che può fidarsi di te, che sei presente, a sua disposizione, qualora ne avesse bisogno.

38. Crea intorno a te un'immagine positiva e serena. Mi riferisco al fatto che, durante il tuo percorso, dovrai sempre confrontarti con situazioni complicate, che probabilmente ti faranno dubitare, puntualmente, di quello che stai facendo. È normale. Quello che non devi fare in queste situazioni è comunicare all'esterno questi momenti di "panico". Siamo quello che trasmettiamo.

C'è chi interpreta male il concetto secondo il quale sui *social network* dobbiamo darci al 100% ed essere quello che siamo.

Utilizzare bene i *social* significa essere coscienti dell'impatto che i nostri messaggi possono avere e di che tipo di idea possono farsi gli altri di noi. Quindi, cerca di tenere per te i momenti più complicati e, se decidi di condividerli con i tuoi *followers*, fallo pensando molto bene al tipo di messaggio che vuoi trasmettere.

39. Non passare mai inosservato.

40. Aiuta altri imprenditori, nella misura in cui le tue possibilità te lo permettono, e non farlo per trarne un vantaggio economico diretto.

41. Lasciati aiutare, riconoscendo sempre il valore del lavoro insito in un aiuto reciproco.

Pagare un collaboratore per un lavoro ti metterà in una posizione di libertà: lavora, per quanto possibile, senza dover niente a nessuno.

42. Cerca di agire sempre senza dover chiedere né dare niente a nessuno. Ti suggerisco di non chiedere mai un lavoro a qualcuno, se non hai il denaro per pagare le ore che ti ha dedicato.

Se dovessi, però, trovarti in una situazione in cui hai contratto un debito, non preoccuparti. Prendi coscienza di questa situazione e rimedia il prima possibile.

43. Fai in modo di far avanzare il tuo progetto ogni giorno.

Prima di dormire, analizza i progressi raggiunti durante la giornata in maniera rapida.

Se dovesse capitare un giorno in cui ti rendi conto che non c'è stato alcun progresso, non stressarti. Prendi semplicemente coscienza di questo e agisci di conseguenza il giorno successivo.

44. Diventare imprenditori di successo significa iniziare una maratona sulla lunga distanza. Non avere fretta di vedere i risultati: se lavori con metodo e pianificazione, supererai una tappa dopo l'altra e i risultati arriveranno al momento giusto.

Quando si passa dall'essere dei lavoratori dipendenti a diventare lavoratori in proprio è normale sentire l'esigenza di avere molte cose da fare, di riempire la giornata di attività, perché altrimenti si avrebbe la sensazione di non fare nulla.

Fermati e respira profondamente.

Renditi conto di essere appena saltato fuori dalla ruota del criceto. Fino a ieri, ti trovavi in una situazione che ti richiedeva di correre a 1000 km/h. Adesso no.

Questo non vuol dire che domani non dovrai correre il doppio, per 2000 chilometri l'ora, però, oggi sicuramente non dovrai farlo.

Goditi questa fase. Lavora duro, ma senza sentirti caricato di un peso. Lavorare con la sensazione costante di avere un fardello sulle spalle rappresenterebbe un ostacolo per lo sviluppo naturale della tua idea di *business*.

45. Se in un certo momento ti rendi conto di essere bloccato in un meccanismo senza apparente via di uscita e hai l'impressione di continuare a girare a vuoto come un criceto in gabbia, senza arrivare da nessuna parte, chiudi tutto e passa a un'altra occupazione.

Vai a passeggiare o dedicati allo sport.

Ricordati che adesso sei padrone del tuo tempo.

Se in un determinato momento non ti senti creativo e ti rendi conto che non stai riuscendo a ottenere nulla di buono, allora rimanda tutto a domani, se puoi.

Se questo stato perdura, riunisciti con altri amici imprenditori e racconta loro quello che ti sta capitando. Sicuramente, sarà successo anche a loro e sapranno aiutarti meglio di chiunque altro.

46. Partecipa in maniera attiva a eventi per imprenditori e non aver paura di condividere con loro la tua esperienza.

47. Ci sono imprenditori che iniziano un'attività in vista del guadagno economico che possono ottenere. Altri lo fanno per passione e con il desiderio di trasformare i propri sogni in realtà. Cerca di far parte di quest'ultimo gruppo.

48. Devi acquisire consapevolezza del fatto che essere imprenditori significa essere creativi. Lo abbiamo detto in diverse
occasioni. Ogni giorno, dovrai prendere decisioni cercando
di immaginare come sarà il futuro e gli unici strumenti che
hai per decidere sono il presente e il passato.

49. Per essere imprenditori bisogna necessariamente essere saldamente sicuri di sé per sopportare e superare lo *stress* e l'incertezza quotidiana. Se pensi che questa potrebbe essere una difficoltà per te, prima di andare avanti, ti suggerisco di chiedere
aiuto per migliorare le tue capacità di resistenza. È un'abilità
che, una volta acquisita, ti permetterà di procedere molto più
velocemente e che, soprattutto, ti aiuterà a superare agilmente molte delle difficoltà che incontrerai lungo il cammino.

50. Non perdere tempo nell'analizzare quello che pensano gli altri di te. È energia spesa in qualcosa di totalmente inutile. Se
abbiamo paura delle critiche, allora è meglio non fare nulla.

Non avere paura di essere criticato per il tuo modo chiaro e diretto di agire. Jeff Bezos, il fondatore di *Amazon*, ha detto: *Se hai
paura delle critiche, allora è meglio che tu non faccia nulla, perché
nella vita, così come negli affari, è difficile avere successo senza essere
mai stati criticati.*

51. Se durante il nostro percorso professionale non siamo in grado di suscitare invidie intorno a noi, allora vuol dire che non
stiamo facendo le cose nel modo giusto.

52. Potrai avere il prodotto o il servizio migliore del mondo, però,
se non sarai capace di comunicarlo nel modo più adeguato,
tutti i tuoi sforzi saranno completamente inutili.

Il primo a vendere sarà colui che sarà in grado di esprimersi nel
miglior modo possibile.

Dietro di lui ci sarà quello che sarà capace di offrire un prodotto di qualità.

Lavora per essere il primo a vendere. Vendendo un prodotto di qualità, continuerai a vendere ancora di più.

53. Abituati a offrire servizi che io chiamo "WOW". Il servizio "WOW" è quello che lascerà il tuo cliente a bocca aperta, per il semplice fatto che non se lo aspettava.

54. La propensione con la quale affrontiamo le nostre sfide è il dettaglio più importante. Non dubitare mai del successo che riuscirai a ottenere. La mente è molto potente e avere un'attitudine positiva verso la vita e verso gli affari ci farà tornare indietro soprese positive.

55. Abitua la tua mente a fare le cose in maniera "diversa". Fallo anche nelle situazioni più comuni e semplici del tuo quotidiano. Guadagnerai in flessibilità mentale.

56. Lavora ogni giorno affinché i tuoi obiettivi di breve, medio e lungo termine siano sempre allineati.

57. Guarda avanti, verso il punto in cui finisce la strada, perché solo così riuscirai a evitare di andare fuori percorso alla prima curva che incontri.

58. Sii flessibile nella tua strategia: aggiusta il ritmo della tua navigazione, man mano che cambiano le situazioni esterne che ti circondano.

59. Circondati di persone positive. Cerca collaboratori capaci di innamorarsi del tuo progetto, non solo persone che vogliono avere un impiego o aumentare la loro fatturazione.

60. Sii esigente con gli altri nella misura in cui lo sei con te stesso.

61. Non arrabbiarti con i clienti esigenti. I clienti più esigenti sono quelli che ti saranno di maggior aiuto durante il tuo percorso.

62. Cerca, per quanto possibile, di non dipendere dai prestiti bancari. Cresci grazie alle tue personali risorse e ai tuoi sforzi

individuali. Certo, questo richiederà più sacrificio, però presenta meno rischi e la notte dormirai meglio.

63. Lavorare da casa è comodo, ma ti suggerisco di non farne un'abitudine.

Si tratta di una questione molto soggettiva, ne sono consapevole, ma cerca di ottenere rapidamente le risorse necessarie per investire in un ufficio, anche condiviso, che ti obblighi a separare la tua vita privata dalla tua vita professionale.

Anche se la pensi diversamente, ti assicuro che lavorare da un ufficio quasi sempre ti permetterà di metterti all'opera con maggior produttività e concentrazione.

64. Davanti a qualsiasi opportunità che ti si presenti, non agire mai in modo prevenuto. Abituati a valutare in maniera rapida e a decidere repentinamente se un'opportunità merita oppure no di essere analizzata in maniera approfondita. Per aiutarti con questa decisione, domandati sempre se è un'opzione che ti avvicina o ti allontana dal tuo obiettivo finale.

65. Prima o poi, riceverai la proposta di lavorare *gratis* in cambio della possibilità di far parte di un progetto.

Non si può generalizzare, però, in questo caso, ti invito sempre ad analizzare molto bene la situazione e soprattutto i professionisti che fanno parte del progetto.

In modo particolare all'inizio della tua attività, non disperdere energie in troppi progetti che non hanno un chiaro e rapido ritorno economico. Con il tempo, tutto si potrà valutare, però, sin quando la tua impresa non raggiungerà la stabilità economica, ricorda che qualsiasi colpo d'aria potrebbe avere delle serie conseguenze.

66. Pensa in grande. Non limitare le aspirazioni del tuo progetto ancor prima di iniziare.

Persone che iniziano il loro discorso dicendo "Voglio lavorare per conto mio e fin quando mi darà quello che mi serve per vivere ne sarò più che soddisfatto" sono persone che cercano un auto-impiego. Un imprenditore non direbbe mai una frase del genere.

Cercare un auto-impiego non è né positivo né negativo, però è importante sottolineare che un imprenditore ha scelto un'evoluzione molto più complessa rispetto a quella di chi cerca semplicemente un auto-impiego.

67. Il mondo è pieno di opportunità di *business*. Alcune sono più complicate da avvicinare rispetto ad altre, però ognuno si ritrova davanti quella che è in grado di raggiungere.

Abituati a renderti conto che esistono.

Non demotivarti se all'inizio non le vedi oppure se qualcuno te la "ruba" da sotto il naso. A tutti è capitato. Lavora ogni giorno per sviluppare questo sesto senso... avrai già capito che per un imprenditore è indubbiamente il più importante tra i "sei".

FASE 3: Fase Neil Armstrong

Bene: è arrivato il momento di sbarcare sulla Luna! Questa è la fase nella quale finalmente puoi iniziare a divertirti. Hai lasciato il tuo vecchio lavoro, hai pianificato la tua nuova vita professionale, l'hai "messa in marcia" e adesso stai viaggiando dritto verso la tua Luna! Fantastico!

Se sei arrivato sin qui, la prima cosa che devi fare è complimentarti con te stesso. Quello che hai attraversato mentre arrivavi a questo punto merita un gran rispetto... e questo rispetto comincia proprio da te. Inspira! Riempi i tuoi polmoni di questo orgoglio, che ti appartiene e che è tutto tuo!

Bene. Adesso devo darti una notizia: la tua Luna è proprio di fronte a te... ma è ancora molto lontana.

Hai costruito la tua nave speciale e stai viaggiando verso la Luna ed è normale che a queste altezze ci siano momenti in cui ti senti affaticato. Quando ti succede di sentirti stanco, prenditi il tempo che ti serve, ma rimani vigile. Devi fare molta attenzione perché la tua attività è ancora debole e non puoi abbassare la guardia. Hai ottenuto tanto, ma ti manca ancora tanto da fare.

68. All'inizio dell'anno, dedica del tempo allo sviluppo di un *business plan*. Poniti obiettivi ambiziosi ma raggiungibili. Controlla sempre come hai chiuso il mese rispetto ai mesi precedenti e, a partire dal secondo anno, confronta sempre come hai chiuso ogni mese, paragonando la situazione con quella dello stesso mese degli anni precedenti.

69. Abituati a lavorare con *KPI* (*Key Performance Indicator*), ovvero con parametri che misurino i principali indicatori che influiscono sullo sviluppo del tuo *business*. Ogni *business* avrà i suoi parametri.

Parlando in generale, potremmo indicare il tuo numero di clienti nuovi, la tua fatturazione, i tuoi costi, il numero dei tuoi *followers* sulle reti sociali, il numero delle visite sul tuo sito *Internet*. Controlla i fattori che più influenzano il tuo *business* e abituati a misurarli e a controllarli in modo costante.

70. Analizza settimanalmente le interazioni che avvengono sulle tue reti sociali. Stai creando una comunità intorno al tuo *brand*? La comunità sta interagendo nel modo in cui ti aspettavi?

71. Non perdere l'occasione di cercare opportunità per intessere collaborazioni con altri professionisti.

72. Cerca i tuoi migliori concorrenti e scegli i tuoi migliori punti di riferimento, ben oltre il tuo Paese. Non perdere l'opportunità di analizzare le loro strategie e il loro modo di agire. C'è qualche idea che potrebbe essere aggiunta nella tua attività?

73. Non tutto è lavoro. Prenditi il tuo tempo per godere della vita, perché solo in questo modo potrai godere di quella tranquillità e freschezza mentale necessarie affinché continuino a raggiungerti idee creative.

74. Alimenta la tua creatività, pratica sport, vivi sereno e godi della tua situazione attuale, anche se non hai ancora raggiunto la tua Luna.

75. Sei un imprenditore: non puoi abbatterti davanti al primo insuccesso o, viceversa, innalzarti tra le nuvole davanti a un trionfo.

76. Ci sono cose che hanno bisogno del loro tempo. Anche se lavorerai ventiquattro ore al giorno e sette giorni su sette, non è detto che le cose accadranno più rapidamente. Come diceva Warren Buffett: *Non si può dare alla luce un bambino se ci sono nove donne in stato interessante.*

77. Vivi gli errori o i fallimenti come momenti di crescita. Chiudi il capitolo solo nel momento in cui hai compreso perfettamente quello che è successo. Qualsiasi errore o insuccesso che vivi deve avere una causa ben chiara affinché domani non torni a ripetersi.

78. Godi dei risultati raggiunti in maniera ragionevole. Devi esserne felice perché è tutto frutto del tuo sudore e dei tuoi sforzi.

79. Condividi il successo con gli altri. Condividi ogni situazione che ti sembra un successo. Condividila con i tuoi amici più stretti o con i tuoi colleghi.

80. Fai sentire la tua squadra parte del tuo progetto. Non deve necessariamente essere solo il tuo impiegato più diretto quello che ha il maggior attaccamento al tuo progetto.

Condividi con i tuoi collaboratori la tua visione, il tuo progetto, aggiornali sui passi in avanti e sperimenterai come tutta la gestione sarà molto più facile: per dirlo in un altro modo, convertiti nel miglior cliente dei tuoi fornitori.

Qualsiasi individuo che abbia un ruolo nel far crescere la tua attività è parte della tua squadra. Per esempio, la persona che ti aiuta con le faccende domestiche fa parte della tua squadra, perché ti permette di dedicare quel tempo ad altre attività che non sono quelle di prenderti cura della tua casa.

Una squadra è un gruppo di persone che ti sta aiutando, ognuno con il suo ruolo, a raggiungere il tuo obiettivo.

81. Crea intorno a te un'atmosfera sana e positiva. Assicurati che gli altri percepiscano il valore che vuoi trasmettere.

82. Sii diretto e risolutivo nei tuoi rapporti di lavoro. Se non sei soddisfatto del lavoro fatto da parte di un collaboratore, trova il modo migliore per dirglielo, ma non rimandare questo momento, altrimenti correrai il rischio di far deteriorare la situazione e di prolungare i risultati inefficienti o inadeguati.

83. I clienti non hanno sempre ragione: quando non ce l'hanno, bisogna spiegarlo loro in maniera educata ma molto chiara e ferma.

84. Non ti affezionare troppo alla tua impresa o al tuo progetto. Ci sono molti imprenditori che si sono ritrovati al verde perché hanno rinviato la morte annunciata del loro progetto. Se le cose non vanno bene e non c'è modo di trovare una soluzione, bisogna riconoscerlo il prima possibile e reagire di conseguenza, affinché le perdite economiche, personali ed emotive siano le minori possibili.

85. La flessibilità sarà la tua migliore virtù. Alimentala ed esercitala tutti i giorni.

86. Prepara la lista delle cose da fare: quelle che concluderai ogni giorno (per esempio, gestire i tuoi *social network*...), quelle che concluderai ogni settimana (pianificare la settimana seguente, scrivere sul tuo *blog*, etc.) e quelle che dovrai concludere ogni mese (controllare la tendenza delle tue vendite, etc.).

Cerca di concentrare le cose da concludere pianificandole nei giorni della settimana, a seconda di ogni attività. Per esempio: dedicherai il lunedì alle riunioni commerciali con i nuovi clienti, il martedì e il mercoledì a prenderti cura dei tuoi clienti attuali, il giovedì a portare avanti i temi operativi (attività pura e dura, per intenderci) e il venerdì ad analizzare la settimana, gestire le questioni amministrative e pianificare la settimana seguente.

Questo ti aiuterà a ottimizzare il tuo tempo.

87. Analizza in maniera minuziosa la redditività di ognuno dei tuoi clienti, prodotti o servizi. Se la redditività reale non è quella sperata, allora pianifica delle modifiche nelle tariffe e, nel caso in cui queste non siano accettate, prendi in considerazione la possibilità di chiudere le relazioni commerciali o ripianificare il servizio.

88. Prospetta delle percentuali di guadagno interessanti (15%-20%), nel caso in cui qualcuno riesca a procurarti dei clienti. Soprattutto agli inizi, non potendo probabilmente permetterti la possibilità di assumere una figura commerciale che se ne occupi, dovrai fare in modo che le spese commerciali relative alla tua attività siano totalmente variabili (una certa percentuale rispetto alle vendite).

89. Abituati a entrare in sintonia con cose e persone. Questo è un processo creativo che sarà fondamentale per lo sviluppo della tua attività. Ogni volta che incontri una persona, cerca di vedere in che modo il suo profilo potrebbe essere d'aiuto o compatibile con il profilo di un altro professionista che è parte della tua rete. Man mano che creerai sinergie intorno a te, queste ti verranno incontro a loro volta.

90. Non ti arrendere mai. Tutti abbiamo giorni buoni e giorni meno buoni, ma un imprenditore, per definizione, non può gettare la spugna. Se sei arrivato sin qui, devi averlo abbastanza chiaro.

Ti ricordo quello che diceva Edison davanti ai molti insuccessi che incontrò, prima di trovare la soluzione definitiva per la scoperta della lampadina: *Non ho fallito, ho solo scoperto 999 modi per non fare una lampadina.*

Questa deve essere la tua attitudine.

91. Continua ad analizzare continuamente tutte le tue spese, organizza riunioni con le banche per migliorare le condizioni delle commissioni bancarie, confronta tutte le tariffe telefoniche e cerca quella che migliora la tua spesa attuale, e via dicendo: c'è sempre la possibilità di risparmiare sui tuoi costi fissi e il compito di trovare queste opportunità è qualcosa che non devi mai smettere di fare.

92. Apprendi dai clienti insoddisfatti. Sono quelli che ti aiuteranno maggiormente a migliorare il tuo servizio in futuro.

93. Man mano che il tuo *business* cresce, devi imparare a dire "no". "No" a clienti che chiedono condizioni insostenibili, "no" a fornitori che vogliono alzare il prezzo dei loro servizi senza giustificazione, "no" alle persone che ogni giorno ti chiedono di aiutarle ad avviare il *business* del secolo. Non permettere a nessuno di gestire la tua agenda e il tuo tempo.

94. La vita è troppo breve per condividerla con persone che non sono sulla tua stessa lunghezza d'onda. Se incontri fornitori o clienti che non rispettano il tuo modo di lavorare e i valori della tua impresa, rompi i legami rapidamente e ricordati di non avere più rapporti professionali con loro.

95. Goditi ogni momento di questo viaggio.

96. Chiediti sempre il "motivo" di ogni azione che porti avanti. Se ti trovi chiuso in una situazione della quale ti sembra impossibile liberarti, chiediti per quale motivo vuoi uscire da questa situazione e qual è la ragione che ti ha portato sino a

essa. Sperimenterai come, rispondendo a queste due domande, troverai una soluzione.

97. Un imprenditore, soprattutto agli inizi, deve avere la capacità di sviluppare una visione "micro" e "macro" contemporaneamente. Dovrà imparare a dividersi tra i momenti in cui dovrà lavorare sulla visione strategica dell'azienda e i momenti in cui dovrà immergersi nelle pure azioni operative che si sviluppano giorno dopo giorno.

98. Man mano che ti assicurerai entrate economiche grazie al tuo *business*, investi su di te: liberati, delegando i compiti più operativi e di basso valore aggiunto e concentrati nella visione a lungo termine.

99. Non ti affezionare al tuo *business*. Affezionati al tuo nuovo stile di vita. Il modello di *business* che hai creato non smetterà di essere un fatto a sé. Le cose hanno una vita definita: liberati di questo, quando ti renderai conto che è arrivato il momento di dedicarti a un altro progetto, a un altro modello di *business* più redditizio.

100. Quando aumenterà la fatturazione, aumenteranno anche le inefficienze. Avrai bisogno di migliorare la tua organizzazione interna e alcuni costi dovranno essere ridotti. Per esempio, se la tua fatturazione aumenterà, è molto probabile che potrai rinegoziare i termini con alcuni fornitori come le banche.

101. Prenditi sempre cura delle spese della tua impresa, non soltanto quando le cose non vanno come vorresti. Approfitta dei momenti di crescita del tuo *business* per mettere da parte il denaro che ti sarà utile nei momenti difficili.

102. Crearsi una buona reputazione è un lavoro che dura anni. Perderla, invece, è una questione di secondi. Non abbassare

mai la guardia: l'eccellenza del tuo lavoro deve essere la tua principale religione.

103. Chiedi sempre l'opinione delle persone che ti vogliono bene. Le idee e le opinioni delle persone che tengono a te sono le più importanti, perché queste persone desiderano la tua crescita. Se dieci persone che ti vogliono bene ti dicono tutte la stessa cosa... sarà necessario che tu rifletta seriamente su questa.

104. Qualsiasi cosa tu faccia, potrà essere sicuramente fatta in un modo migliore. Abituati a rivedere sempre i tuoi percorsi, anche se si sono consolidati nel tempo. Sicuramente, troverai un modo più efficace per pianificarli e sperimentarli.

E infine...

105. Godi della vita e di tutte le esperienze che incontrerai lungo il tuo cammino, perché la vita è un istante... un istante che merita di essere vissuto nel modo più felice possibile.

EPILOGO

Caro lettore,

siamo arrivati alla fine di questo cammino e non voglio separarmi da te prima di consegnarti alcune brevi e ultime riflessioni.

Essere imprenditori, nel modo in cui io lo concepisco, è qualcosa che va oltre un semplice e metaforico "cappello" che abbiamo deciso un giorno di indossare sulla testa.

Essere imprenditori rappresenta per me uno stile di vita e in qualche modo uno strumento fantastico per dare valore alla nostra esistenza, soprattutto quando il nostro sforzo comincia a generare ricchezza e felicità anche per il prossimo.

Come ti ho anticipato all'inizio di questo libro, i venti punti che ti ho appena presentato sono il risultato delle mie riflessioni e hanno il loro fondamento nella mia esperienza personale. In nessun momento ho avuto la pretesa di presentarteli come una verità assoluta o aspettandomi che tu ti indentificassi necessariamente in ognuno di essi. Ti invito semplicemente a trovare molto presto quelli che saranno i tuoi punti di riferimento, quelli che ti faranno da bussola: potrebbero essere simili ma anche molto diversi dai miei.

Vivi l'avvio della tua attività con serietà, rigore e professionalità, ma soprattutto goditi ogni momento di questo cammino: vivilo pienamente e divertiti.

Non avere fretta, ma lavora senza sosta.

Incoraggia e lasciati incoraggiare da quello che ti circonda. Probabilmente, sei a un passo dal cominciare uno dei viaggi più affascinanti della tua vita... un viaggio complicato ma molto arricchente, che ti permetterà di confrontarti con te stesso, con le tue virtù e con le tue lacune.

Non giudicarti mai e non giudicare quelli che incontri lungo questo cammino.

Alla fine, siamo tutti qui per raggiungere la nostra Luna. Se lavoriamo bene, guidati dai nostri valori, prima o poi arriveremo a piantare su di essa la nostra bandiera.

Credici e ricorda che le cose hanno bisogno del loro tempo e delle loro fasi e che tutto arriva nel momento giusto.

Un abbraccio e grazie per aver letto questo libro.

A presto!

Erick

Erick Canale è nato a Cuneo (Italia) nel 1975
Laureatosi in Ingegneria Gestionale, specializzatosi con Master in
e-commerce e coaching con programmazione neuro linguistica
(PNL), vive in Spagna dal 2004 e lavora tra Spagna e Italia. Dopo
gli anni dedicati all'imprenditoria, come membro dello staff direttivo di un'importante multinazionale, nel 2003 ha detto "basta"
ad uno stile di vita che non rappresentava la felicità desiderata e
ha iniziato il suo percorso professionale in proprio. Convinto che
"la principale missione di un essere umano, in questo luogo chiamato mondo, sia raggiungere la felicità quanto prima", Canale si è
orientato al mondo del web, lavorando in tutti i rami dell'e-commerce e ricordando sempre che lavora per le persone e a favore delle persone. CEO dell'agenzia di Marketing Online JEZZ Media,
Canale ora gode dello stile di vita che si è costruito per sé stesso
in linea con i suoi valori e desideri e contribuisce affinché gli altri
raggiungano i propri obiettivi professionali e personali.

Twitter: @E_Canale
Instagram: @erickcanale
Sito personale: www.erickcanale.com
Sito aziendale: www.jezzmedia.com

Grazie è molto più di una parola

Georgina Mallafré, Beatriz Barrera ed io vogliamo ringraziarti perché con gli incassi del tuo libro stai contribuendo attivamente all'associazione YOUNG HOPES, fondata insieme nel 2017, con la speranza e l'obiettivo di creare e far creare progetti che aiutino bambini e ragazzi in situazioni difficili. Per maggiori informazioni sulla nostra associazione consultate il sito www.younghopes.org.